Víctor María Concas y Palau

La escuadra del almirante Cervera

Barcelona **2024**
Linkgua-ediciones.com

Créditos

Título original: La escuadra del almirante Cervera.

© 2024, Red ediciones S.L.

e-mail: info@Linkgua-ediciones.com

Diseño cubierta: Michel Mallard

ISBN rústica: 978-84-1126-801-1.
ISBN ebook: 978-84-9953-971-3.

Sumario

La escuadra del almirante Cervera

Por el capitán de navío don Víctor M. Concas y Palau
comandante que fue del crucero acorazado *Infanta María Teresa* y jefe de Estado Mayor de aquella escuadra en el combate naval de Santiago de Cuba, VICEPRESIDENTE DE LA SOCIEDAD GEOGRÁFICA DE MADRID

Prólogo

¡El 3 de julio de 1898!

Siempre se ha dicho: ¡ay de los vencidos!; pero ahora hay que agregar; ¡ay de aquellos a quienes se envía para que sean vencidos!; pues por muchos que mueran en la contienda, siempre parecerán pocos para cubrir las faltas ajenas y la traición a la patria; porque es traición llevar el país a la ruina y a la pérdida de diez millones de habitantes, invocando romanticismos y leyendas que los hombres políticos tienen el deber de saber que no son verdad, que no son ni han sido nunca la guerra, y que las naciones que han apelado a ese triste recurso han acabado por desaparecer del mapa.

(Defensa del contraalmirante Montojo, de la escuadra de Filipinas, ante el Consejo Supremo de Guerra y Marina. Concas.)

Capítulo I. Razón del silencio tenido hasta hoy

Apreciaciones de opinión pública. Dificultad de comentar sucesos tan recientes por oficiales en activo servicio. Ocasión perdida de salvar la patria. La prensa española y la prensa americana, inglesa, francesa y de otros países, especialmente los escritores profesionales

Tiempo hace que se firmó la paz y que se reanudaron las relaciones diplomáticas con los Estados Unidos. Dejaron de ser Gobierno en España los elementos políticos causantes del desastre, que, apellidando disciplina al forzado silencio con que teníamos que oír las injurias de la opinión, sostenían el interesado desconocimiento de los hechos, cuya responsabilidad es exclusivamente suya. El Consejo Supremo de Guerra y Marina, en lento y minucioso proceso, ha dictado fallo absolutorio respecto al gran desastre naval de Santiago de Cuba, y, por último, hasta en la clásica impresionabilidad de los españoles casi podemos decir que al hecho poco le falta para pertenecer a la historia; aunque no, por cierto, para aquellas familias que aún lloran sus deudos, ni para los que regamos con nuestra sangre las cubiertas de las naves españolas, que, para complemento de amargura, hemos sufrido después el horrible tormento de tener que callar delante de los que habían hecho jirones la patria y su bandera, por ampararles formalismos de la ley, y contra los que, alta la frente, leales en el consejo, soldados en el peligro y esclavos del deber, somos de los pocos españoles que en todos los ámbitos de la tierra podemos blasonar de no haber dejado de hacer nada de cuanto cumplía a nuestro deber.

¿Ha llegado la hora de que se haga la luz? Según los extranjeros, nada se ha dicho en España en esclarecimiento de hechos de tal gravedad, con la honrosa excepción de las cartas del almirante Cervera publicadas en *La Época* de Madrid, y tienen razón en solicitar que se diga cuanto es pertinente al caso. Los españoles también preguntan por qué no nos defendemos; pregunta de notoria mala fe en los más, que saben perfectamente que la ley de Enjuiciamiento, mientras se seguía el proceso, y exigencias de la disciplina, han ahogado nuestra voz, y aun han de tenerla velada por mucho tiempo, por consideraciones mal llamadas de Estado; consideraciones que, ciertamente, ni en tal concepto, ni en el puramente militar, se han tenido con ninguno de nosotros.

Sobre esto dice el capitán de navío americano Mahan, uno de los hombres que más han influido en la guerra, lo siguiente, en su célebre folleto *La guerra naval y sus enseñanzas* al examinar las maniobras de nuestra escuadra:

Desconoceremos los razonamientos de Cervera hasta que el almirante comparezca ante un Consejo de guerra, que, según prácticas universales de todas las naciones marítimas, le espera para juzgar a todo comandante que pierde su buque o que ha incurrido en un gran desastre o derrota naval; práctica piadosa, a la par que justa, que saca a la clara luz del día los méritos de la persona, así como sus faltas, si tales ha cometido, y que pone en parangón claro la charlatanería frívola ante los juicios de la experiencia y de la práctica. Tal Consejo de guerra, por ser de uso corriente, no implica de por sí ningún prejuicio de culpa o delito, y, por lo tanto, no se dirige individualmente contra una persona determinada. Hasta que tal Consejo de guerra no se reúna y dictamine, no es de esperar que el almirante español haga pública su defensa y sus descargos, ni debe ponérsele en lugar particular para ser atacado y criticado por la enumeración y relato de consecuencias y decisiones suyas que en el momento que fueron concebidas pudieron ser buenas, y, sin embargo, el futuro más tarde las llevó al infortunio.
En ausencia de un conocimiento perfecto del asunto, conjeturas y opiniones supuestas como las que en estos artículos hemos emitido...

Mientras que un hombre de los profundos conocimientos de Mahan advertía al mundo entero que solo hablaba por conjeturas, en España son pocos los que no se han constituido en jueces infalibles contra nosotros; pero al propio tiempo recordándonos primero los deberes militares, después los que teníamos como procesados y, por último, exigiéndonos el silencio por patriotismo, por cuanto, según algunos, nuestras manifestaciones podían tener trascendencia internacional. Triste es, pues, que los que tomamos parte en la sangrienta tragedia del 8 de julio de 1898 en aguas de Santiago de Cuba, no podamos hacer la luz cual conviniera a los sagrados intereses de la patria; pero como nada nos veda que pongamos en orden los mismos datos que hoy conoce el mundo entero, los que aceptados por uno de nosotros tienen una garantía de certeza que no tendrían de otro modo, al menos las generaciones venideras podrán juzgar si aquella triste jornada fue un encuentro natural de la guerra o una buscada ocasión por políticos, mal llamados hombres de Estado, que, ante el pueril temor de una asonada, no dudaron en sacrificar la patria entera, bajo la originalísima teoría de que el desastre, imponiendo la ley de la necesidad, obligaría al pueblo a la resignación. Como si los desastres, por el contrario, no hubieran sido en todo tiempo la razón legal de las grandes perturbaciones sociales, ni ocasión de crueles y tremendas exigencias del enemigo, y cuando en esta ocasión la tranquilidad y sensatez del pueblo español frente al infortunio es la mejor prueba de que los grandes temores de nuestros hombres de gobierno no tenían razón de ser ni fundamento alguno.

Por todo lo expuesto, suprimiremos toda clase de consideraciones allí donde escollos de la disciplina no nos permitan ir adelante, quedando entre líneas lo que no esté hoy en lo posible discutir; y así como ejemplo, al referirnos a un telegrama del 1 de julio de 1898 de nuestro gobierno al capitán general de Cuba, publicado con letras todas mayúsculas en el *New York Journal*, telegrama en que se consulta si la escuadra bloqueada podía ir a Filipinas y volver a Cuba sin pérdida de tiempo, no haremos las consideraciones que nos sugeriría semejante consulta, ni si puede ser por sí sola bastante a explicar la funesta dirección de la campaña. Citaremos solamente el telegrama tal como ha circulado en la prensa de todo el mundo, sin ponerle siquiera letras grandes; que si hubiéramos de adoptar este tipo de letra para citar disposiciones semejantes, sería tan poco lo que iría en letra común y corriente, que parecería este libro uno de esos de devoción, impresos ex profeso para ser leídos casi en la oscuridad.

El combate naval de Santiago no se olvidará ciertamente en mucho tiempo; y si Dios no hace el milagro de que los españoles se enteren algo más que hoy se enteran de lo que por el mundo pasa, es posible que en esta tierra siga discutiéndose el pro y el contra como una novedad; por lo que, y cuando el Señor haya llamado a sí a los que hemos figurado en aquel desastre, encomendamos a aquellos que entonces vistan el uniforme de la Armada española mantengan la defensa de la memoria de los que no temimos, al regresar a España, ser víctimas de pedreas e insultos del populacho por haber sostenido que no debía irse a la guerra, ni la escuadra a las Antillas, invocando siempre la salvación de la patria (no la nuestra, como fue la de otros la que lanzó el país a la guerra); *de la patria abandonada, insultada y pisoteada por el enemigo*, como decía textualmente la comunicación oficial del almirante Cervera del 21 de abril, al dar cuenta de la junta de guerra celebrada en Cabo Verde, en la que fuimos tristes profetas de desventuras que aún era tiempo de reducir a términos, siempre amargos, pero razonables, que no llevaran la patria al cataclismo. Y si el deber y la disciplina llevó la escuadra al previsto desastre («Y de esta suerte se hizo a la mar Cervera con sus cuatro valientes naves, SENTENCIADO IRREMISIBLEMENTE por la locura o el falso orgullo nacional que se manifestaba en la forma de presión política sorda o todo juicio profesional y experiencia militar»: frases de Mahan, capitán de navío americano, reputado por el mundo entero como el primer publicista naval) y a su total ruina, allí supimos luchar y morir como buenos, aunque fuera en condiciones del mayor absurdo estratégico de que haya memoria en los fastos militares, y del que en todo y en parte, juntos y cada uno, el almirante y sus capitanes, ante la historia, ante la patria y ante los españoles todos, sin excepción, rehusamos toda, absolutamente toda responsabilidad.

No pretendemos escribir la historia oficial de los sucesos, para lo que, además de los documentos publicados por el almirante, tendríamos que hacer uso de otros muchos que no han sido dados al público; y no pudiendo comentarlos, nos encerraría en moldes demasiado estrechos, siendo nuestro propósito tan solo reconstituir una crónica ordenada, tomada de fuentes de autenticidad que nadie se atreverá a negar al que como yo, además del mando del buque insignia del almirante Cervera, era su jefe de Estado Mayor el día memorable del combate, por haber quedado en tierra mortalmente herido mi querido compañero Bustamante, que desempeñaba este último importante cargo; crónica que servirá en su día, y que en la actualidad será una amplia rectificación a lo publicado hasta hoy; pues formada opinión por los datos de la prensa periódica, más obligada a dar noticias pronto a raíz de los sucesos que a darlas bien, es origen a veces de información histórica que necesita aclaración desde el principio hasta al fin.

No pretendemos entablar discusión con la prensa toda, pues son tantas y tan diversas las opiniones emitidas en todas partes del mundo, que ni hay posibilidad de que un trabajo las abrace a todas, ni que fuera humanamente posible llegar a leerlo. Nos limitaremos a hacer afirmaciones, en las que cada uno que nos honre leyendo estas páginas ha de hallar la solución a las dudas que las exageraciones han lanzado contra la Marina, dejando aparte siempre, con el merecido desdén, los escritos de algunos extranjeros, sin duda jóvenes oficiales de ninguna experiencia y sobrada presunción, cuyos escritos ni merecen los honores de la crítica, ni más atención que la de su propia insignificancia.

Haciéndonos, pues, cargo de la prensa, con tanto más motivo cuanto que hasta hoy es la única que ha hablado con toda libertad, debemos hacer observar que, más que distintos criterios, ha marcado distintas nacionalidades.

La prensa que con más acierto, más justicia y más caridad ha tratado el combate de Santiago de Cuba y las causas que lo motivaron, ha sido precisamente la norteamericana. Dejando aparte lo que cada cual encomia lo suyo y a los suyos, en lo que sobresale especialmente el pueblo sajón; lo de haber ocultado o desfigurado más de un contratiempo que tuvieron con la escuadrilla de las Antillas, pero sin trascendencia ninguna en el resultado de la guerra, lo mismo saliéndoles bien que habiéndoles salido mal; y el afán de que no aparezca la influencia decisiva que en su favor lograron de las insurrecciones de Cuba y Filipinas, lo dicho por los americanos es, en general, muy sensato; y los escritos de Mahan y de otros publicistas serios podemos tomarlos como defensa, así como sentencias de nulidad contra nuestros políticos; escritos que, aunque recortados en parte, y no por cierto en lo que pudiera ser poco grato a la Marina, se han publicado traducidos en nuestros periódicos, *y casi nadie ha leído.*

También las publicaciones del Navy Department americano son muy notables y han de servir grandemente para el estudio de la guerra; pues pocas veces tan a raíz de los sucesos se ha dado al público una colección de datos tan verdaderos. Pero reconociendo esta circunstancia, a nuestro juicio indiscutible, creemos que a lo dicho le falta una de las condiciones que, según

Balmes, es indispensable para que al decir la verdad pueda afirmarse que se ha dicho, y es que hay que decirla toda; y en eso, lo mismo en lo original que en lo traducido, el Bureau of Navigation americano ha cortado en seco dondequiera que ha aparecido algo inconveniente o poco grato para ellos; lo que no debe olvidarse de ningún modo cuando se acuda a esa fuente de información.[1]

La prensa científica inglesa ha tratado el asunto con todo el pudor necesario que, a salvar el bien parecer, tendría una *miss* de no muy sólida conciencia; a ella han acudido todos los constructores ingleses que tuvieron parte en la obra de nuestros cruceros, y en la que fueron responsables de algunos defectos, de que nadie les hacía cargo, ni tenían importancia, pues lo mismo ha ocurrido en esos buques que en todos los del mundo, por acreditados que estén los astilleros. Como ejemplo, citaremos que el constructor, que era un habilísimo ingeniero, se olvidó de los ascensores de municiones de 14 centímetros, los cuales él mismo colocó después con una instalación de su invención que quedó bastante mal, como sucede hoy en todos los buques con todo aquello con que no se cuenta desde un principio; pero no ocultándose al constructor o a algún allegado suyo que ésa era una de las cosas que habían de funcionar peor en el primer encuentro serio en que se hallaran los cruceros, se apresuró a publicar en el *Engineering* una serie de embustes, en los que falta absolutamente a la verdad. Y así otros muchos, de los que no nos queremos ocupar. En la prensa periódica el color de lo escrito ha sido mucho más subido; pues aun bajo la firma de personas de alta graduación han aparecido artículos de un servilismo tan vergonzoso para cualquiera que estime en algo su dignidad profesional, que han sido el ridículo del mundo entero, especialmente de sus primos de allende el Atlántico. Algunos de sus almirantes, temerosos de ver en disputa el crédito que tan bien ganado tienen en el mundo marítimo, han vuelto sobre sus opiniones; y es de ver los equilibrios que hacen cuando, dejando correr su claro juicio,

---

1   En la traducción de la primera edición de este libro, hecha en el Navy Department de los Estados Unidos, dicen en la introducción:
«Se ha preguntado por algunos si sería o no conveniente omitir esos trozos en las traducciones hechas por esta oficina. La solución aceptada, sin embargo, ha sido la de publicar esas obras tal como han sido escritas.»
A confesión de parte...

juzgan los hechos, y cuando, como si obedecieran una consigna del Foreign Office, proyectan campañas y otra porción de habilidades que no pueden caber en la mente de hombres de tanto espíritu práctico. Efectivamente: es imposible, absolutamente imposible que en un país de tanta inteligencia marítima como Inglaterra haya habido tantos altos jefes que escribieran tantos juicios completamente bufos, sin tener orden superior de halagar a toda costa a los americanos; y no otra cosa podía esperarse de los únicos en Europa que, con el mismo objeto, han sostenido en serio la patraña de la voladura del *Maine* por un torpedo exterior; patraña de la que conmigo se han burlado en América todos los americanos; es decir, se burlaban de los artículos de los ingleses, pero *business* es *business*; solo que a la larga todo se paga, como España ha pagado su gran error político de haber dado auxilio a la independencia de las colonias inglesas.

Bajo el punto de vista de un juicio crítico, y del que nos ocupamos por su gran circulación, es realmente notable el que hace en el *Naval Annual* del Brassey, del año 1899, el coronel sir Jorge Clarke, con una independencia de criterio que le honra extraordinariamente, sobre todo no habiendo oído más que a una parte, y que sirve de demostración de lo que hemos dicho antes; pues al final de su artículo, en la página 17-1, expresa terminantemente que la información la ha obtenido de varios jefes de la Marina americana, que, como hemos dicho, y salvo disimular pequeños contratiempos, es donde se han apreciado mejor los sucesos.

La prensa francesa, italiana y alemana ha sido más templada para España y más justa para su Marina; pero el marcado afán de su benevolencia, que agradecemos en el alma, la ha extraviado más de una vez en el campo de la verdad, apareciendo caridad lo que debe ser justicia.

Queda, por fin, la prensa española... La perdonamos de todo corazón; tanto más, cuanto que ante Dios y ante la historia le cabe la parte más principal en la responsabilidad de los desastres de la patria; y hecha excepción de un corto número de hombres sensatos, es dura lección de moral que la opinión pública se haya rehecho en España sin la prensa y hasta contra la prensa, arrastrando aun a la más hostil a reconocer que los errores y responsabilidades son de los elementos directivos y no de los que, después de decir que no debía irse a Cuba, no contaron ni enemigos ni obstáculos cuando llegó la orden de ir a morir por la patria, por más que estuvieran convencidos, no solo de la inutilidad, sino de que se les mandaba entregar toda España a merced del enemigo.

Entre nosotros todo se extrema; entre nosotros, los militares han de ser todos héroes, mártires o traidores, reñidos por completo con el justo medio, que es donde domina el sentido común, y que en la guerra, como en todo, es preciso hasta el momento decisivo. Entre nosotros se consideraría monstruosa la orden que recibió Sampson, y que consta en repetidos telegramas oficiales publicados en el *Apéndice del Anuario oficial del Ministerio de Marina* americano para 1898, de no acercarse a los cañones gruesos de nuestras costas para no recibir averías; se tomaría como una cobardía, y se preferiría una escuadra averiada e inútil y con mucha gloria ganada en una batalla sin objetivo, a una escuadra intacta, dispuesta a rendir todo el provecho de sus fuerzas no quebrantadas; y si tal hubiera entendido la prensa, y que ésos y no otros eran los intereses de la patria, ni hubiera defendido lo que defendió, ni hubiera acusado a los que acusó, que, llenos de sangre y heridas, al saber que Watson amenazaba las costas de la Península, podían haberla preguntado: «¿Qué habéis hecho de nuestra escuadra?»

Capítulo II. Propósito del Gobierno español no realizado de evitar la guerra a toda costa

Estado de nuestras fuerzas. Los oficiales de marina no podían hablar públicamente de nuestras fuerzas comparadas por estar prohibido por la ley. Un nuevo Trafalgar. ¿Por qué no se acudió al patriotismo de la prensa? La conferencia del señor Concas en la Sociedad Geográfica. Los diplomáticos y marinos han avisado a tiempo. Viajes del *Maine*, *Vizcaya* y *Oquendo*. Telegrama a Manila para que la escuadra americana fuese recibida amistosamente. Dispersión de nuestros buques. Prohibición de hacer preparativo alguno. Estado en que se aceptó la guerra. Influencia de los oficiales de marina americanos en las Cámaras de su país. Castelar y las fantasías de los Estados Unidos. Anglomaníacos. Sin el apoyo de la opinión pública, las fuerzas militares podrán alcanzar la victoria, pero no conseguir el éxito

Una de las circunstancias más desgraciadas de este período histórico, ha sido el firme propósito del Gobierno español de evitar la guerra a toda costa; resolución que no era del Gobierno que estaba en el poder, sino de todos los anteriores sin distinción; solamente que en esta resolución no entraba en ningún modo el abandono de la isla de Cuba, que era la única manera de evitarla, y cuando solo haciéndolo así, enérgicamente, era como podía excusarse una lucha cuyo fin no podía ser sino la ruina total de España. Así fue que no se hizo el menor preparativo ni por tierra ni por mar, y mientras el mundo entero creía que con verdadero frenesí nos preparábamos para una lucha a muerte, la Marina estaba en completo pie de paz. Al crucero acorazado *Cristóbal Colón* le faltaban sus dos cañones de 30 toneladas, pues, aprovechando la ocasión, la casa Armstrong quería hacer pasar dos cañones de media vida, los que el almirante de la escuadra del Mediterráneo pedía con empeño, pues más valían ésos que ninguno; pero no se creyó que el caso urgía cuando no fue aceptada esa solución. El *Pelayo*, *Numancia* y *Vitoria*, en el extranjero, no estarían listos ni tendrían su nueva artillería hasta septiembre, si los constructores cumplían el contrato, y el *Carlos V* montaba en el Havre sus torres, es cierto que con gran actividad, pero faltándole aún parte de su batería secundaria.

El *Pelayo* tenía a bordo 203 hombres, de comandante abajo, lo indispensable para cuidar sus máquinas y artillería; el *Carlos V* tenía en total 282 individuos de tripulación, y los cruceros *Numancia* y *Vitoria* tenían en conjunto 51 hombres cada uno; cuando todos estos buques en pie de guerra tienen asignada una dotación de más de 500 individuos, y cuando cuesta tanto tiempo organizar un buque de guerra moderno, que se considera que hasta después de muchos meses de armado no está en condiciones de rendir todo el fruto que pueda esperarse de sus máquinas y armamentos, las cifras que dejamos consignadas indican mejor que nada, hasta para las personas no versadas en estos asuntos, que se estaba en completo pie de paz.

Sobre esto ha publicado el almirante Cervera su correspondencia con el Gobierno,[2] insistiendo uno y otro día en el peligro que nos amenazaba, en el atraso de los buques que estaban en el extranjero, en la imposibilidad de hacer la guerra y sus consecuencias; correspondencia que se ha abierto paso en la opinión del mundo entero, con reflexiones bien tristes para nuestros hombres de gobierno, que insistían en un optimismo a todas luces insostenible.

Por la parte de tierra no se había montado un solo cañón en nuestras costas; no se había aumentado la artillería de campaña y moderna en Cuba, la que era evidente que sería necesaria contra un ejército sajón más dotado de elementos que de personal, y toda precaución había consistido en el envío de tropas a las Canarias y Baleares, tropas que de poco hubieran servido si la escuadra enemiga se hubiera presentado en nuestras costas, y si, como es consiguiente, la presión la hubiera hecho contra las ciudades del litoral.

Por otra parte, es positivamente cierto que se nos hicieron ofrecimientos de algunos buques buenos, a pesar de que en cartas del ministro de Marina no aparezca esto claro para cubrir a sus compañeros de Gabinete; así como es cierto que el mismo ministro, señor Bermejo, hizo esfuerzos sobrehumanos para que se adquirieran, no encontrando apoyo... porque no habría guerra.

Y aunque sea volviendo sobre lo mismo, llamaremos cien veces la atención sobre el hecho moral, más que material, de no tener sus cañones gran-

---

2   *Colección de documentos referentes a la Escuadra de operaciones de las Antillas*, ordenado por el contraalmirante don Pascual Cervera y Topete. 218 páginas, en 4.º

des el crucero *Cristóbal Colón*; pues cuando el Gobierno no quiso tomar los que se ofrecían, es decir, que resolvió que por de pronto el *Colón* no tuviera cañones, era preciso que tuviera el absoluto convencimiento de que no los necesitaría, a pesar de que el universo entero creía lo contrario.

Mientras ése era el ánimo del Gobierno, fortalecido por la creencia de que jamás se emprendería contra nosotros una guerra tan inmoral como no recuerda otra la historia, la prensa emprendía una campaña completamente opuesta; pues aparte de la protesta natural ocasionada por la agresión de los Estados Unidos, no perdía ocasión de desfigurar los recursos y los elementos de fuerza de aquel país, menospreciando su escuadra y haciendo comparaciones que carecían de todo sentido común. Además, sabido es que a una nación como la nuestra, cuyas costas son, no solo abordables, sino en donde la represión del contrabando está limitada por la ley casi a la captura *in fraganti*, le son necesarios dos verdaderas cinturas de vigilantes por tierra y mar; lo que requiere, por esta última parte, una numerosa flota sutil. Lo mismo exigía la vigilancia de las costas de Cuba y de Filipinas, donde se ejercía una activa policía; pero esas flotillas no representan fuerza alguna para un conflicto internacional, y sumarlas como escuadra es lo mismo que si se contara como ejército regular a la Policía, Orden público, Guardabosques y aun la Guardia civil, cuyas fuerzas en todos los países, y especialmente en el nuestro representan muchos miles de hombres. Pero como todo buque lleva un nombre, y con frecuencia el de una lancha de 40 toneladas es doble de largo y más rimbombante que el de un buque de combate; y sin contar si el buque cuyo nombre se citaba estaba en Europa o en las Antillas, o quizá en Filipinas en las lagunas de Mindanao a algunos centenares de metros sobre el nivel del mar, la prensa, creyendo inspirarse en miras patrióticas, contaba los nombres, sumaba el número, y, ayudándose de la pintura, aparecían escuadras numerosísimas; pues cuando los buques se sacan del mar para trasladarlos al papel, todo es cuestión de escala.

En este tiempo se produjo una escisión dentro de la Marina, de la que nos vamos a hacer cargo, tanto más, cuanto que Mahan hace de ello un cargo al vicealmirante Beránger, que acababa de ser ministro, refiriéndose a una interview que publicó el *Heraldo* del 8 de abril de 1898, y en la que aquel almirante hace iguales manifestaciones que hizo en público cuando era ministro, referentes a que teníamos medios y elementos para afrontar la lucha.

Mientras esto ocurría, nuestra Marina, que seguía paso a paso cuanto sucedía en nuestras relaciones con los Estados Unidos, y cuando sabía que lo más grave del conflicto iría sobre sus espaldas, no solo materialmente, sino haciéndole cargo de faltas ajenas, se quejaba en todos los tonos de que en el Ministerio no se obligara a la prensa a decir la verdad, justamente alarmados, porque en Madrid se decía que, reconociendo la necesidad de perder la isla de Cuba, no podía esto tener lugar sin un *nuevo Trafalgar* que justificase separación tan dolorosa; frase hecha, la de un *nuevo Trafalgar*, que se atribuía nada menos que a don Antonio Cánovas del Castillo; lo que, por nuestra parte, que hemos tenido ocasión de tratar con intimidad a aquel eminente hombre de Estado, creemos destituido de todo fundamento, pues estamos seguros que no habría ido jamás a la guerra por temor a los disturbios interiores, que son los que nos han lanzado a lucha tan insensata.

Estas quejas se han agravado dentro de la Marina al ser conocidas las cartas del almirante Cervera; pero en uno y en otro caso entendemos que no se está en lo justo. En efecto: sin negar que en el Ministerio no se pecó de discreción, dominados siempre de la idea de que no habría guerra, hay que reconocer que un ministro interpelado por un periodista no podía decir que estábamos perdidos sin remedio; por consiguiente, el testimonio que se cita del periódico el *Heraldo* no tiene más valor que el que suelen tener esa clase de conversaciones, que sin dificultad se pueden inventar, y a título de buen humor suelen inventarlas los *reporters*, conociendo el color político o la situación de la persona interrogada.

Las cartas del almirante Cervera eran reservadas, tanto, que en ellas consta que lo eran hasta para los jefes más inmediatos a sus órdenes; y venimos a parar a lo mismo que acontece al escribir hoy de estos sucesos, a pesar de haber variado tanto la situación; pues si no los firma persona militar que haya figurado en ellos, carecen de valor para el público, y si los autoriza la firma de uno de nosotros, ¿cómo escribirlos y cómo comentarlos?

En masa las gentes nos preguntan a todos los oficiales de la Armada que por qué no dijimos la verdad al país; lo que no puede ser más injusto, pues se dijo en todos los tonos y en todas partes; solamente que faltaba a lo dicho el nombre de los firmantes, que hicieron bien en no firmarlo; pues entonces, volviendo la oración por pasiva, se habría dicho que habían buscado el modo de ir a la cárcel para no ir a buscar al enemigo.

Dilema es éste que han tenido que resolver los escritores militares, que han hecho de ello profesión, del único modo que puede resolverse; esto es, dejando el servicio activo, pues no hay otra solución, cuando el Código penal castiga de un modo severísimo al militar que ensalza las fuerzas del enemigo; y como desgraciadamente en España no todos los que han dejado el servicio ha sido para trabajar por la patria y por su milicia, de ahí que vengamos a parar que entre nosotros los que podían firmar sus escritos carecían de autoridad, y los que hubieran sido oídos, no podían firmarlos; pero siempre será un grave cargo para el Gobierno el no haber empleado sus poderosos medios de acción apelando al patriotismo de la prensa, que de seguro hubiera respondido inmediatamente, atajando una campaña desatentada en pro de la guerra, cuando el Gobierno, no solo no la quería, sino que ni por precaución había tomado la menor providencia para prepararse a ella si los sucesos se precipitaban.

Mientras por nuestra parte nada se preparaba, por la de los Estados Unidos no se descuidaba el menor detalle, como si la guerra que deseaban debiera ser contra un coloso. Vino a España un capitán de navío americano, al que abrimos incautos nuestros arsenales para que informara a su sabor de nuestra tranquilidad y del atraso de las nuevas construcciones. Cuantas veces se quisieron enviar torpederos a Cuba amenazaron con la declaración de guerra, y de ahí esas idas y venidas que el público no se explicaba sino por averías que realmente no existían; hicieron observaciones a la construcción de los *destroyers* así como a la compra del *Colón* y es creencia general en Marina que hubo intervención en algunas obras que se hacían en Inglaterra, cuyos retrasos y multas impuestas por ellos, que llegaron a 75.000 libras esterlinas, no tienen explicación.

A tal extremo llegaba la vigilancia hasta lo más mínimo, que un discurso que pronuncié en la Sociedad Geográfica de Madrid, de la que me honro ser vicepresidente, fue objeto de la más violenta reclamación; y me complazco en hacer constar que dije cosas muy agradables para los Estados Unidos, que ya las quisiera yo oír de España, salvo que fui triste profeta de lo que iba a ocurrir, lo que, por lo demás, no creo que pudiera ser una novedad para nadie que conociera de cerca la situación. Y a pesar de ser la Sociedad Geográfica de índole puramente científica, tuvo que intervenir en ello el Gobierno y rogarme su presidente don Antonio Cánovas del Castillo que firmara una carta que él mismo escribió, como no pude menos de hacerlo, diciendo que a su cargo quedaba la defensa.[3]

Al hablar de los preparativos hechos por los Estados Unidos no me refiero a los conocidos del mundo entero, pues ellos mismos han manifestado que meses antes de la guerra tenían armados y preparados hasta 128 buques auxiliares, sino a los pasos que sus agentes dieron cerca de nosotros, poderosamente auxiliados y dirigidos por el Comité insurrecto que los cubanos sostenían en Madrid, y sobre lo que suspendemos todo comentario, tanto por ser asuntos difíciles de probar, como porque después de todo no de-

---

3   Como no es fácil prescindir de la parte personal que uno ha tomado en estos sucesos, siquiera sea por curiosidad histórica, debo consignar que ante el temor de que tomara yo otro camino, pues el asunto era sobradamente personal, el señor ministro de Estado don José Elduayen quiso templar mi ánimo con un espléndido almuerzo, a cuyos postres me fue ofrecida la consabida carta, dictada por el mismo señor presidente del Consejo, invocando, para que yo la firmase, el nombre de los intereses de la patria. Como dejo dicho, la firmé, no sin observar que harían mal uso de ese documento las personas a quienes iba a hacerse entrega de él, sobre las que expresé el concepto nada favorable que me merecían, como así fue al ser publicada en los periódicos de New York poco después.

Pero lo extraordinario del caso era que el escándalo no versaba sobre nada político, sino sobre dos trozos que leí de dos autores americanos en que ellos mismos juzgaban la familia americana como una pura figura retórica; y convertidos los alborotadores en nuevos paladines de la hermosura, hacían llegar sus iras de Madrid a Washington, con el santo objeto de distraer la atención de todo lo que pudiera despertar nuestra increíble ceguera. ¡Muestra de travesura incomprensible para los españoles!

Me llamó don Antonio Cánovas del Castillo para rogarme que no publicara el discurso, de lo que me hubiera guardado muy bien sin necesidad de que me lo pidiera el presidente del Consejo, pues el público creía que tales cosas había yo dicho, capaces de sacar a Monroe de su tumba, que la sencilla realidad, con toda la ciencia que se quisiera, me hubiera dejado en ridículo, defraudando las esperanzas de todos.

En esa ocasión yo no desempeñaba cargo político ni mando de ninguna clase; por consiguiente, lo dicho por mí no tenía más que un valor literario, habiendo sido el comité insurrecto cubano de Madrid el promovedor de este incidente.

mostrarían otra cosa sino que, tal como hemos dicho, habíamos rebasado los límites de la más ridícula política sentimental.

Nada de esto alarmaba a los españoles, ni aun al Gobierno, que seguramente tachaba de exagerado cuanto comunicaban los delegados de los Ministerios de Estado y de Marina; pues, aunque parezca extraño, hace lo menos diez años que los diplomáticos y los marinos españoles estaban dando la voz de alarma, con el provecho que se ha visto;[4] y mientras así crecía la tempestad sobre nuestras cabezas, unos y otros se entretenían inocentemente en discutir si las resoluciones del Congreso americano tenían que ser conjuntas o no conjuntas, en un estado de falta de sentido político y de instinto de conservación de que no hay ejemplo ni en nuestra historia moderna, que es cuanto se puede decir.

Creyó el Gobierno por ese tiempo que la autonomía sería una solución al problema cubano; y aunque aquéllos aspiraban a la independencia, es indudable que aceptaron la autonomía como un medio de llegar mejor a la completa separación, sin perder la emigración española, sin la que, y mal que les pese, o quizá sin que les pese a los Estados Unidos, la isla de Cuba está fatalmente condenada a caer en manos de las razas de color. Además, el cansancio de los insurrectos era grande; no veían esperanzas de inmediata victoria, y no faltaban cubanos sensatos y verdaderos patriotas que apoyaban de buena fe la transición, con lo que las partidas se presentaban en masa y la paz era un hecho a muy corto plazo. Fue entonces cuando se envió el acorazado americano *Maine* a La Habana a promover disturbios, y la escuadra americana se situó en las islas Tortugas para aprovecharlos sin perder momento. Nuestro Gobierno contestó enviando el crucero acorazado *Oquendo* a La Habana, y el *Vizcaya* a New York... a pagar la visita; movi-

---

4 Entre los documentos de esta clase que conocemos, son de los más notables las comunicaciones del jefe de la Armada señor Gutiérrez Sobral del año 1896, en que, después de anunciar como seguro en su día el ataque a nuestras Filipinas, manifiesta que antes de declarar la guerra los Estados Unidos tomarían posesión de las islas Hawai, como base de operaciones intermedia, y llama la atención sobre el envío de un núcleo de periodistas americanos al Japón para emprender una campaña de difamación al estilo de la que los cubanos sostenían en los Estados Unidos y en Europa; haciendo así servir al Japón inocentemente en provecho ajeno, cuando creían que trabajaban por lo que el Imperio del Sol naciente consideraba su legítima presa en el porvenir.

miento de buques que merece hacer época en los anales de la continuada política de inocencia.

Léanse las cartas del almirante Cervera publicadas en *La Época*, y de las que en su lugar copiamos algunos párrafos, y en ellas consta lo claro que era para el jefe de la escuadra cuanto sucedía y tenía forzosamente que suceder, así como los increíbles optimismos del Gobierno, de que era jefe efectivo el señor Moret, ministro de Ultramar.[5]

El crucero acorazado *Vizcaya* estaba pendiente de entrar en dique, tenía a su bordo al almirante y era el buque de la escuadra que estaba menos listo, siendo el *Teresa*, de mi mando, el único que podía desempeñar comisión enseguida; pero el consabido discurso hizo temer que fuera mi persona poco agradable, y salió el *Vizcaya* sin limpiar sus fondos, con lo que en la ocasión de la guerra se halló con que hacía un año que no entraba en dique y con su andar muy disminuido.

En el intermedio del viaje de nuestro crucero voló el *Maine* (15 de febrero de 1898), y puede cualquiera considerar la ansiedad de todos, incluso la del Gobierno, por la llegada del *Vizcaya* a los Estados Unidos con sus carboneras casi vacías.

---

5   En la Memoria presentada al Senado por el gobernador general de Filipinas, don Fernando Primo de Rivera, pág. 191, dice así:

«La ingerencia del señor Moret en asuntos militares, pidiendo datos, apreciando combates, juzgando si eran o no oportunos para alcanzar o no lo que se deseaba, etc., su manoseo continuo, ocupándose en asuntos ajenos completamente a su Ministerio, eran cosas para ser tomadas a risa, a no mediar el compromiso por mí contraído, y, sobre todo, a no estar ventilándose intereses tan sagrados, viéndome obligado a apurar este cáliz de amargura propinado con la naturalidad con que el señor Moret procede en su buena fe o en su inocencia; y si así se conducía en lo político en general, en lo referente a personal no tiene nombre su falta de respeto a los sagrados intereses de España y de consideración a su representante en aquellos países.»

El mismo señor general marqués de Estella nos ha autorizado a publicar el unido telegrama del 5 de marzo:

«El ministro de Ultramar al gobernador general de Filipinas. Siendo muy cordiales nuestras relaciones con el Gobierno americano, reciba V. E. escuadra en los mismos términos que las extranjeras que han visitado ese puerto.»

A esta diseminación de buques en La Habana, New York, Cartagena, Tolón y el Havre se unía, para intranquilidad en toda la escuadra, que las cartas que se recibían de Madrid repetían como del dominio público la idea expresada en la frase de un *nuevo Trafalgar*, para poder justificar la pérdida de la isla de Cuba, y circuló de mano en mano una carta en que el médico de la Armada don M. B. manifestaba que por consejo del señor Moret iba destinado a Filipinas en lugar de la escuadra, porque ésta sería probablemente destruida. Así, pues, el almirante, que seguía atentamente cuanto ocurría, juzgándolo con la serenidad de criterio que le distingue, pedía con insistencia ir a Madrid a formular un plan de campaña, diciendo y repitiendo en todos los tonos que si la guerra estallaba se perderían las Antillas, las Filipinas, y sería la ruina total de España; recibiendo por contestación que: *en momentos de crisis internacional no se puede formular de una manera precisa nada concreto.*

Por consiguiente, no se hizo nada, tan absolutamente nada, que, como se ve, ni siquiera se pensó en qué era lo que había que hacer si la guerra ocurría.[6]

Llegó, pues, el momento solemne, y el Gobierno, que no había encauzado la opinión ni hecho preparativo alguno, se halló completamente desarmado para hacer frente a la ola tremenda que amenazaba alterar cuanto había en España; y aterrado para toda otra cosa que no fuera aceptar la guerra que tapase sus propios errores, la guerra fue aceptada todavía en la inocente creencia de que el desastre se limitaría a la isla de Cuba, y no que sería la ruina total, como dijo el almirante Cervera, y como había de decir cualquiera que supiese algo de historia elemental.

---

6   La guerra era deseada por el Ejército y por la Marina americanos; pero cuando se sepan, si algún día se saben, las gestiones hechas en París casi momentos antes de estallar, en cuyas gestiones intervinieron nuestro Embajador y un ministro de España que había sido en Washington, es posible que aparezca que el Gobierno americano no quería la guerra, y que, salvo Cuba, pudimos salvar todo, incluso el reconocimiento de la deuda.

La Marina americana tenía altísima influencia en el Senado, y apoyada en la opinión pública empujaba los sucesos, en los que tiene una parte muy principal, como resalta de la comparación de los incidentes de aquella época. ¡Qué cosas se escribirán, o podrán escribirse, dentro de cincuenta años!

No nos cansaremos de insistir en el hecho, moral más que material, representado en cuanto dejamos dicho; esto es: no se quería la guerra ni por el gobierno ni por el pueblo, y seguramente ni por la misma prensa que la creía imposible. Un hombre eminente, funestísimo para España, don Emilio Castelar, a quien se alzan monumentos por haber restablecido la disciplina en el Ejército parodiando a don Juan de Robres, autor del presupuesto de la paz y soñador del amor universal, tanto que las construcciones navales las calificaba arrojar millones al Nervión, había cantado a los Estados Unidos de Norte América como la expresión más pura de la democracia, de la igualdad y del progreso, al extremo que no había en España casi nadie, desde los más rudos a los más ilustrados, que no se sintiera dominado por el encanto asombroso de la armoniosa prosa del más eximio orador que quizás haya existido; y cuantos recordábamos la historia de la Florida y la de la Luisiana; la injusta campaña contra México, robando los mejores territorios del mundo a la raza latina, mentís lanzado a la faz del universo entero contra esa supuesta, justa y humanitaria política; y la parte activa que habían tomado los Estados Unidos contra nuestro dominio en Cuba desde mucho antes de la primera expedición de Narciso López; y sobre todo, los que habíamos vivido entre ellos, pasábamos por sectarios, por hombres apasionados y poco menos que partidarios de la Inquisición. A tal punto llegaba a todos, que el que esto escribe, y cerca de quince años antes de ocurrir estos sucesos, en el Congreso geográfico de Madrid, en la Sociedad Geográfica y en el Ateneo del mismo Madrid, centro de la cultura intelectual de toda España, se sentía aislado y cortésmente rechazado porque sus opiniones contrastaban con la furibunda anglomanía del 99 % de todos sus colegas. Han sido precisos tan amargos desengaños para que la Sociedad Geográfica haya creído necesario darme un tácito desagravio, dejando en el alma del ciudadano y del patriota la tremenda pena de ¡haber tenido razón! Y citamos éste por ser un caso, como podríamos citar otros mil, de un rebajamiento moral tan grande al tratarse de todo lo inglés o americano, que sin este castigo de Dios no desesperábamos de ver el día en que, por ser *high-life*, se exigiera de nuestras mujeres que se envilecieran con *whisky* o *brandy* o se enviara a sus padres y maridos al hospital, como se hace por la gente *pur sang* allá en la tierra modelo de Moret y Castelar.

Era, pues, imposible que los que veíamos claro el turbión nos hiciéramos oír ni entender de los que nos tenían por locos. Y si en este momento la Europa entera viniera sobre España con todas sus fuerzas de mar y tierra, a pesar de estar arruinados, destrozados y en uno de los períodos más críticos de la historia de este noble país, unidos todos con el esfuerzo moral y material de nuestros conciudadanos, y con el auxilio poderoso de la voluntad de un pueblo, nos revolveríamos en mejores condiciones que la Marina lo ha hecho en una guerra a la que se la ha lanzado en las condiciones en que se hubiera hecho salir un destacamento de la Guardia civil contra una supuesta partida de bandoleros, puramente por fórmula, y como si las ambiciones, los setenta millones de habitantes, las inmensas riquezas, el dominio del teatro de la guerra, la escuadra y la hostilidad de un siglo de los Estados Unidos, y la insurrección de Cuba, fueran invenciones de algún soñador.

Capítulo III. La escuadrilla de Villaamil e imposiciones diplomáticas

Viaje de la escuadra del almirante Cervera a la isla de San Vicente de Cabo Verde. Unión a la escuadra de los cruceros *Oquendo* y *Vizcaya*. Llegada de las instrucciones en el vapor carbonero San Francisco. Carbón en San Vicente. Memorable Junta de guerra del 20 de abril de 1898. Discusión de los proyectos. Filipinas era lo más urgente. Proyecto de regresar violentamente a la Península. Telegrama al Gobierno. Comunicaciones del día siguiente que han desaparecido de los archivos. Telegramas al Gobierno invocando la salvación de la patria. Telegrama del señor Moret. «¡Dios lo bendiga!» Junta de almirantes en Madrid. Gestiones extraoficiales de algunos. Carta del señor Silvela contra la salida. *Finis Hispania!*

Mientras la situación iba tomando el giro que acabamos de ver, se preparaba en Cádiz una flotilla de tres torpederos y tres destructores de torpederos que, a vuelta de mil dificultades, aparentemente marítimas, pero todas de orden diplomático, había salido y estaba en San Vicente de Cabo Verde esperando la orden de zarpar para las Antillas, y cuya salida también estaba detenida por la vana esperanza de una solución pacífica, ante la repetida amenaza de que su marcha sería considerada como un *casus belli*.

A unirse a aquella división salió el contraalmirante Cervera desde Cádiz el día 8 de abril con el crucero acorazado *Infanta María Teresa*, de su insignia, y el *Cristóbal Colón*, éste sin sus cañones grandes, como antes hemos dicho. El almirante no llevaba instrucciones del Gobierno, instrucciones que debía recibir en el punto de su destino por un vapor carbonero que salía en su seguimiento; procedimiento tanto más incomprensible cuanto que ese vapor salía casi al mismo tiempo que la escuadra.

El hecho de enviar las instrucciones a una escuadra moderna por medio de un buque de ocho millas que debía detenerse en Canarias a hacer carbón, en lugar de dárselas al mismo almirante, es de una índole tal, que ante el tribunal de la historia ha de ser uno de los cargos más graves, entre tantas cosas graves como pasaron en este tiempo. Pero hay más: lo natural era que la escuadra del almirante Cervera, si irremediablemente tenía que ir a las Antillas, se hubiera detenido en Canarias, donde en pocas horas se hubiera repuesto de todo; no ya solamente porque la Marina tenía allí sus contratas, sino porque tenía el medio de embargar lo que necesitara; sin contar con la importantísima circunstancia de estar el telégrafo a disposición del Gobierno y amarrado el cable en Cádiz sin intervención ajena. Todo ello hizo suponer al almirante que iba a Cabo Verde a recoger la división de torpederos y convoyarla a la Península, pues ya declarada la guerra, era imposible que dichos torpederos cruzaran el Atlántico. Al llegar a la isla de San Vicente el 14 de abril, supimos que los cruceros acorazados *Oquendo* y *Vizcaya* venían de Puerto Rico a hacer su unión en aquel puerto, como lo efectuaron con matemática exactitud el 19; pero que con dos buques mayores más se agravaba el problema del carbón, que ha sido el fundamento de nuestros desastres, por el olvido en los elementos directivos de que la táctica moderna es la táctica del combustible.

En Cabo Verde el cónsul de los Estados Unidos había comprado el carbón que había disponible, y solo después de mil dificultades y de pagarlo a doble precio pudimos adquirir 700 toneladas, que desde Inglaterra ordenaron que se nos dieran, pensando seguramente que con eso no hacían nada los diez buques que entre grandes y chicos teníamos reunidos en aquel puerto.

Llegó en esto el 18 de abril, y en dicho día el consabido carbonero San Francisco con las funestas instrucciones.

Inmediatamente se procedió a su descarga y a rellenar de carbón a todos los buques; operación muy penosa en San Vicente de Cabo Verde, pues la mar que refleja desde la isla de San Antonio, y que da de costado a los buques aproados a la brisa, hace imposible que en aquel fondeadero pueda atracar un buque a otro, por lo que hubo que hacer el carbón con las pocas chalanas que la Compañía inglesa nos cedió de malísima gana; resultando una faena tan larga como fatigosa, y sin medio de que los buques completaran todo el combustible que podían llevar a bordo, pues ni con el de los vapores *San Francisco* y *Cádiz* se llegó a la cantidad necesaria.

Abrió el almirante las instrucciones con verdadera ansiedad; y por mucho que estuviera su ánimo preparado, debieron afectarle profundamente; empezando porque eran de fecha 8, y acompañadas de una carta semioficial del 7, día antes de la salida de España.

Disponían aquéllas que la escuadra fuera a Puerto Rico, siendo su misión principal la de defender aquella isla, autorizando al almirante a ir a Cuba, y dándole también otra autorización muy original, que calificaban los políticos como expresión de gran amplitud, y era la de escoger la derrota y aceptar o rehusar el combate con la escuadra americana, según creyera más conveniente; autorizaciones insustanciales, pues la primera era evidente, y la segunda se haría lo que se pudiese... y gracias.

El almirante reunió en junta de guerra al general segundo jefe, capitán de navío de primera, Paredes; a los capitanes de navío Díaz Moreu, Lazaga, Eulate, Bustamante, Villaamil y yo, comandantes, respectivamente, de los cruceros *Cristóbal Colón*, *Oquendo* y *Vizcaya*; Bustamante, jefe de Estado Mayor; Villaamil, jefe de la división de torpederos, y yo, comandante del *María Teresa*, capitana de la escuadra; verificándose esta junta memorable el día 20 de abril, a bordo del *Cristóbal Colón*, cuyo comandante se hallaba enfermo.

Leídas las instrucciones, imposible sería pintar el asombro que en nosotros causaron. La ida a las Antillas era, como dice Mahan (pág. 58) y hemos expuesto al principio, *sentenciar irremisiblemente las cuatro valientes naves*; era llevar la guerra a Puerto Rico, pues donde iba la escuadra iba la guerra, buscándose España una tribulación más, puesto que entonces Puerto Rico estaba tranquilo. El puerto de San Juan, único que se podía tomar, no ofrecía abrigo militar para ningún buque, ni defensa por tierra que mereciera el nombre de tal, hasta el punto que de esa plaza, después del bombardeo del 12 de mayo, decía el almirante Sampson, en su parte oficial, y decía la verdad, que decidió no continuar el ataque, satisfecho y seguro de la posibilidad de conseguir la rendición de la plaza; lo que no había hecho para no tener que dejar estacionada allí gente de la escuadra que la guarneciera. Citamos esto para desvanecer la ilusión que alguno se ha hecho de que en Puerto Rico fue rechazada la escuadra americana.

De ir a Cuba, sería seguramente imposible alcanzar el puerto de La Habana, que era el único puerto militar, propiamente tal; puesto que el enemigo, que hacía muchos meses había establecido su base de operaciones en Cayo Hueso y las islas Tortugas, situados a cinco o seis horas de la capital de la gran Antilla, no podía menos de vigilar estrechamente el único puerto en que había una poderosa artillería, y cuando tan fácil le era dominar los canales que le dan acceso. Se ignoraba si Cienfuegos estaba fortificado, y solo se sabía que tenía algunos torpedos, y había que contar con que este puerto sería el más vigilado, después del de La Habana, por tener comunicación de varias líneas férreas con éste. Cienfuegos además era muy fácil de bloquear por el enemigo, pues en los próximos arrecifes podía estar la escuadra americana al ancla, y con descubridores en Cabo Cruz, saber con tiempo sobrado la aproximación de nuestras naves para recibirlas con fuerzas cuadruplicadas.

El enemigo disponía entonces en el Atlántico de los acorazados *Indiana*, *Iowa* y *Massachusetts*, completamente invulnerables para nosotros, y que cada uno de ellos representaba más fuerza que toda nuestra escuadra junta, al extremo que únicamente en el caso inverosímil de encontrar solo a uno de ellos es como hubiera podido ser batido con el espolón, no sin haber perdido antes la mitad de nuestros buques.

Contaban con el *Texas*, por el estilo de nuestros cruceros, tipo *Vizcaya*; el *Brooklyn* y el *New York*, muy superiores individualmente a cada uno de nuestros buques; los dos tipo Columbia, que eran poderosos auxiliares, y además multitud de cruceros propiamente de guerra, monitores y más de 120 buques armados, que si eran débiles individualmente, apoyados con un núcleo poderoso de acorazados, representaban una fuerza tremenda que era insensato querer afrontar.

Podía esta fuerza, aun antes de la llegada del *Oregón*, haber formado cuatro grupos o escuadras, fatalmente abrumadoras para la nuestra; y como para nosotros no había más solución en lo humano que La Habana, Cienfuegos y Santiago de Cuba, y hasta San Juan de Puerto Rico, si se quiere (por más que fuera ir a buscar la derrota el haberse metido allí), con colocar una de esas divisiones delante de cada puerto, uno de los cuales no teníamos más remedio que tomar, podía la escuadra americana obligarnos a un combate, en el que tenía la completa seguridad de nuestra destrucción; y aun suponiendo que así no fuera y que tuviéramos la rara fortuna de forzar el obstáculo, había de ser con tales averías y pérdidas, que quedara la escuadra inutilizada para toda la campaña, y, por consiguiente, terminada la guerra con España, puesto que la guerra era la escuadra, y nada más que la escuadra. Suponer, como se suponía, que perdida ésta pudieran continuar las hostilidades, es un tristísimo desconocimiento de nuestra situación militar y de lo que son las escuadras modernas.[7]

Los americanos, en cambio, habían dado una prueba de conocerlas; pues contando con las averías y accidentes de máquina, necesidad de repostarse de carbón y otras de que nadie está exento, no formaron más que dos escuadras, en lugar de cuatro, para que, aunque momentáneamente faltaran de ella dos o más buques de los más poderosos, siempre la fuerza restante fuera tan incontrastable que no cupiera duda del resultado: prudencia militar admirable, aun teniendo tan abrumadora superioridad; pero que de haber ocurrido entre nosotros, habría dado lugar a preguntar más de una vez si teníamos miedo.

El éxito es el objetivo de las operaciones militares, y no el de hacerse el valiente; pero es inútil que discurramos sobre esto, puesto que en España no se aprenderá jamás.

Por otra parte, el enemigo había hecho toda clase de preparativos meses antes de la ida del *Maine* a La Habana; ocupaba el mar de operaciones; contaba con el poderoso auxilio de la insurrección cubana, que le daba noticias, no solo en Cuba, sino en todas las Antillas menores, donde estaban esparcidos los emigrados y simpatizadores, y, por último, iba a tener para las últimas disposiciones todos los días que empleáramos en el viaje.

Por nuestra parte, y dejando a un lado las deficiencias de los buques, de que hablaremos al tratar del combate, íbamos a llegar con las máquinas en el estado que supone un viaje transatlántico para una escuadra, y más si se tiene en cuenta que el *Oquendo* y *Vizcaya* acababan de hacerlo doble; sin un mal transporte con carbón que a la llegada nos permitiera reponer en parte lo gastado, y movernos con desembarazo sin pensar en las carboneras. España contaba entonces con doce cañones grandes a flote, y dividir esta ya escasa fuerza, mandando seis a las Antillas y dejando la otra mitad en la Península, era un error estratégico, tan grande, que por sí solo hubiera

---

7   Destruida la escuadra del almirante Cervera —decía con razón el *Times*, de Londres, agosto, 16—, la guerra prácticamente ha concluido, a no ser que España quiera seguir peleando tan solo por el honor, pues no otra cosa podría salvar a la postre.

hecho el crédito del almirante enemigo que lo hubiera conseguido merced a sus maniobras.

Ante estas reflexiones tan rigurosamente exactas, que después las han repetido todos los publicistas marítimos del mundo, menos en algunas indecorosas publicaciones inglesas, votamos en masa que era insensato, criminal y absurdo ir a entregar la patria a merced del enemigo, siendo indiscutible que, a medida que se le fuera presentando más fácil la campaña, iría exagerando sus exigencias.

Era opinión unánime de todos que lo que más peligraba era el archipiélago filipino, y así consta en el trozo oficial que copiamos al final, pues entendíamos que la revolución volvería a levantar la cabeza apoyando el ataque exterior; pero no había tiempo de acudir allí, cuando lo más urgente era la madre patria, pues para nosotros era indiscutible que si por contar con la insurrección de Cuba dirigirían los americanos sus esfuerzos contra la Isla, por hacérseles la campaña muy fácil, la guerra, *como todas las guerras marítimas, no podía terminar sino sobre las costas de la nación que llevara la peor parte*; y así la guerra hubo que darla por terminada al amenazar la venida a España de la escuadra de Watson, como no podía menos de suceder en una o en otra forma. Y con esto negamos las combinaciones respecto al envío de refuerzos a su escuadra en Filipinas, que especiosamente detalla el eminente Mahan al final de sus artículos, explicando el porqué de los movimientos de las citadas fuerzas; pues si la escuadra americana no cruzó el Atlántico cuando ya nadie podía impedírselo, fue porque no era del agrado de su aliada Inglaterra, a la que no le era grato ver a sus primos en Europa alarmando al continente, que, sin excepción, veía nuestra ruina de mala gana, y cuando los mismos ingleses se daban cuenta de que sus aliados habían ido mucho más allá de lo que ellos habían contado. Y si entonces no se veía claro el papel de la Gran Bretaña, que no pasaba de sospechoso, no así la solución de la guerra, que veíamos tan clara como hoy mismo: recordando a nuestros lectores que hablamos desde la isla de Cabo Verde.

Era, pues, indiscutible que la única solución consistía en volver a las costas de España; así lo repiten hoy todos los escritores militares del mundo, y el almirante inglés Colomb llega a decir que el almirante Cervera debió hacerlo, desobedeciendo, y aun a costa de hacerse fusilar, con lo que hubiera salvado para España la isla de Puerto Rico y las Filipinas; lo que es rigurosamente exacto. Opinamos, pues, todos por unanimidad que debía la escuadra volver a la Península: así reuníamos todos los buques de combate; contábamos con un núcleo de torpederos que, aunque pocos en número, eran buenos, y por sí solos dificultaban las operaciones permanentes sobre nuestras costas de un enemigo cuyos puertos estaban tan lejos; los enemigos, para venir aquí, tenían que dividirse, como nosotros tuvimos que dividirnos para ir allá; nuestras fortificaciones, aunque no muy poderosas, eran lo suficiente para que tuvieran a raya a una escuadra que no tenía aquí un puerto donde amparar sus buques averiados, y aunque nos tomara cualquier pequeña isla abandonada para su base de operaciones, siempre para carenar definitivamente sus buques tenían que llevarlos a través del Atlántico, y, por consiguiente, una avería en una de sus naves principales impondría una retirada general. Por último, que la Europa entera, y hasta la misma Inglaterra, habían de ver de muy distinto modo que lo veían en Cuba, donde la calumnia nos había enajenado las simpatías del mundo entero, que por primera vez en la historia los cañones del nuevo continente vinieran a llamar a las puertas de la vieja Europa; claro es que empezando por la más antigua de las naciones, hasta que llegue el turno a las demás, que seguramente llegará, cuando sea tarde el arrepentimiento del abandono en que nos han tenido.

Ciertamente que eso pudo haber traído la guerra a la Península, pero en condiciones tan distintas, que seguramente no hubiera llegado a sufrir ni una de las poblaciones de nuestro litoral, y al hacerse la paz, en lugar de pedir tristemente misericordia, hubiéramos podido amenazar con empezar la guerra de nuevo, con tanto más motivo cuanto que, mientras la escuadra estuviera viva en la Península, puede asegurarse que la invasión de Cuba por el Ejército americano no hubiera tenido lugar, según dicen ellos mismos y según han demostrado después por la prudencia observada, prudencia que, de nuevo repetimos, no censuramos, sino que, por el contrario, creemos digna de profesional y política admiración.

En esta junta, que entonces ya calificamos como semejante a la de la víspera de Trafalgar, dominaron los más altos tonos de energía y patriotismo, y se redactó un violento telegrama dirigido al Gobierno, en el que exponíamos nuestro parecer.

Mas ocurrió en ella una cosa cuya importancia esperamos resultará de la ingenuidad con que vamos a relatarla. Efectivamente; las circunstancias eran notorias a todos, y cada uno tenía de ello un criterio perfecto, que resultó evidente en las manifestaciones hechas en la junta de guerra, aunque todos desconocíamos las gestiones del almirante, que no las había comunicado ni a su jefe de Estado Mayor ni a mí, su capitán de banderas,[8] ligado como estaba conmigo, que, aparte de haber sido su segundo en varios buques y amigo de toda la vida, era éste el cuarto buque que mandaba bajo su insignia de almirante. Así, pues, por una admirable devoción a la disciplina, había guardado el más absoluto secreto, llevando por sí mismo, y con un hijo suyo, teniente de Navío, sirviéndole de amanuense, toda la correspondencia oficial y semioficial; de manera que no había habido la comunicación de ideas, ni menos el conocimiento del extraño proceder del Gobierno, como era preciso, para discurrir sobre asuntos tan graves con la debida madurez.

Así fue, que el telegrama redactado la primera vez que nos poníamos enfrente del Gobierno, pareció tan violento, a pesar de que hoy parecería muy correcto o flojo, que todos, sin excepción, acordamos reformarlo, y se aprobó el siguiente telegrama, que con la reacción natural pecaba de todo lo contrario, y cuyo telegrama fue remitido el 20 de abril por la tarde. Dice así:

De acuerdo con segundo jefe y los comandantes de los buques, propongo ir a Canarias. *Ariete* tiene mal estado calderas, la del *Azor* es muy vieja, *Vizcaya* necesita entrar en dique para itintar fondos, si ha de conservar su velocidad. Canarias quedará libre de un golpe de mano, y todas las fuerzas podrían acudir con toda prontitud, en caso necesario, a defender la madre patria.

El acta la firmaban los generales Cervera y Paredes y los capitanes de navío Lazaga, Díaz Moreu, Eulate, Concas, Bustamante y Villaamil, éste, como más moderno, de secretario.

Terminada la junta de guerra, regresamos a bordo del *Infanta María Teresa* el almirante, Bustamante y yo en la falúa del primero, guardando solemne silencio, cual sucede siempre después de sucesos y de tomar determinaciones graves, de las que dejan profunda huella en el alma.

---

8   Se llama capitán de banderas al comandante del buque en que va el almirante.

Se unía a mi preocupación la circunstancia de que el capitán de navío Villaamil, que como secretario había, no solo redactado el acta, sino que la había escrito de su puño y letra, aunque sin discrepar de los demás, sin duda por sus amistades con las personas del Gobierno de entonces, y por sus compromisos políticos con motivo del mando y objetivo de la división de torpederos, había tomado una actitud especial, que, aunque combatida enérgicamente por Díaz Moreu y por mí, constituía un punto oscuro para el porvenir. Y así fue que apenas llegado a bordo insistí, aunque privadamente, con cierta energía con el almirante, manifestándole mi sentimiento de que el telegrama no expresara bien lo ocurrido en la junta, y que sostenía mi criterio, que allí sostuve con empeño, de que cada uno debía haber escrito y firmado su voto, puesto que el acta había de pasar a la historia y podía ser para cada uno de nosotros nuestro testamento militar; quizá lo único que defendiera nuestra memoria, el honor de la Marina y el apellido legado a nuestros hijos, a los que probablemente no veríamos más.

El almirante reflexionó un momento, puso su mano derecha en la frente, cerrando un instante sus ojos, y trasladando su mano a mi hombro, se volvió a Bustamante, que estaba escribiendo, pero oyendo al mismo tiempo, y le dijo: «¡Víctor tiene razón!» Y sacudiéndome cariñosamente, aún absorto en profundas meditaciones, me agregó: «¡Pues escríbalo usted!» Dije a mi querido general que yo no podía hacerlo, pues parecería una deslealtad a mis compañeros, apareciendo ser un voto particular, cuando todos, con pequeñas diferencias, habían opinado lo mismo. Pues precisamente porque todos han opinado lo mismo, «escríbalo usted como la expresión del voto de todos los jefes de la escuadra; y ahora yo se lo mando», agregó bondadosamente el almirante.

Así lo hice, y el general Cervera lo acompañó con la notabilísima comunicación que con mi voto transcribo adjuntos, tomados del periódico de Madrid *La Época*, y que, por consiguiente, son del dominio público, como cuantos documentos citamos, así como deploramos no poderlo hacer de muchos otros.

Al ministro de Marina:

Por la premura del tiempo no pude ayer comentar el Consejo habido a bordo del *Colón*, limitándome a enviarle copia del acta levantada. Cerca de cuatro horas duró el Consejo, en el que todos los tonos fueron de la más pura y correcta disciplina, y caracterizados por el espíritu levantado que anima a toda la escuadra, y muy especialmente a estos distinguidos jefes que tanto honran a España y a la Marina, y que me ha cabido la suerte de tener por compañeros en estas críticas y solemnes circunstancias. El natural impulso de marchar decididamente al enemigo, entregando la vida en holocausto de la patria, era la primera nota que se dibujaba en todos; pero al mismo tiempo el espectro de la patria abandonada, insultada y pisoteada por el enemigo, orgulloso con nuestra derrota, que no otra cosa puede obtenerse en definitiva, yendo a buscarle a su propio terreno con fuerzas tan inferiores, les hacía ver que tal sacrificio, no solo sería inútil, sino contraproducente, puesto que entregaba la patria a un enemigo procaz y orgulloso, y Dios solo sabe las funestas consecuencias que esto podría traer.

Yo les veía la lucha que sentían, poniendo enfrente estas ideas, pues todos mostraban gran repugnancia de no marchar desde luego al enemigo y terminar de una vez; pero, como digo antes, el espectro de la patria pisoteada por el enemigo se sobreponía, e inspirándose en ese valor de arrostrar las censuras, y tal vez del sarcasmo y la acusación de esa masa inconsciente que ignora todo cuanto se refiere a la guerra, y en particular a la naval, que cree que el Alfonso XII o el Cristina pueden oponerse al *Iowa* o al *Massachusetts*, expresamente declaraban en tonos muy enérgicos que el interés de la patria exigía ese sacrificio de nuestra parte.

Reparo tuvo alguno de los presentes en emitir opinión ninguna, y solo limitarse a hacer lo que el Gobierno de S. M. se sirviese disponer; pero como eso todos, absolutamente todos, estamos, no solo dispuestos a hacerlo, sino que no cabe ni mencionarlo siquiera, pronto cesó en sus escrúpulos; y si menciono esto, es solo para que V. E. tenga una relación exacta de todo lo ocurrido. Uno de los jefes, no por cierto el más exaltado, sino que puede decirse que representa el término medio de la opinión que dominó en el Consejo, ha escrito, por orden mía, sus ideas, y acompaño a V. E. copia de su escrito, que dice, mejor que yo pudiera hacerlo, lo que estos jefes piensan; quítesele algo por algunos, y añádasele bastante por otros en los tonos que lo inspiran, y se tiene exacta idea de lo que piensan estos distinguidos jefes.

Y creyendo cumplido mi propósito de dar a V. E. I. una nota exacta de lo ocurrido, con lo cual lleno un deber, le reitero la seguridad del excelente espíritu de todos. Dios, etc. 21 de abril de 1898.

Pascual Cervera.

Voto del capitán de navío don Víctor M. Concas, comandante del acorazado *Infanta María Teresa*:

Sobre los asuntos presentados a consulta por el señor almirante de la escuadra, en la junta de guerra celebrada a bordo del acorazado *Cristóbal Colón*, opina:

1.° Que las fuerzas navales de los Estados Unidos son tan inmensamente superiores a las nuestras en número y clase de buques, blindaje y artillería, y en preparativos hechos, y estando en tan ventajosa situación por la insurrección de Cuba, la posible de Puerto Rico y la aún latente de Oriente, que tienen elementos suficientes para atacarnos en las Antillas, en la Península y sus islas y en Filipinas; y puesto que no se ha atendido a aquel Archipiélago, que era quizá lo más urgente para limitar nuestro campo vulnerable, y lo que se hubiera conseguido con un solo acorazado, hoy todo lo que sea dividir nuestras fuerzas, siendo como son tan contadas, y apartarse de los mares de Europa, envuelve un error estratégico que traería la guerra a la Península, con un desastre espantoso en nuestras costas, pago de enormes rescates y quizás pérdida de alguna isla.

Apenas se inicie la salida de esta escuadra para las Antillas, es de indiscutible evidencia, pues ya se ha iniciado más de una vez que la escuadra volante americana saldrá para Europa; y aunque no se propusiera más que una *razzia* o una demostración contra nuestro litoral, la justa alarma de toda España traería el regreso obligado de esta escuadra, que forzosamente llegaría cuando el enemigo hubiera ya sacado todo el fruto de su impune victoria.

Los únicos tres buques de guerra que quedan para la defensa de la Península, el *Carlos V*, el *Pelayo*, cuyas reformas no están terminadas, y el *Alfonso XIII*, de escasísimo andar, y éste sin garantía, no bastan para la defensa de las costas de España, y de ningún modo para Canarias; sin que agregue ninguna fuerza militar a nuestra Armada, ni el yate *Giralda*, ni los vapores *Germania* y *Normanía*, cuya adquisición se ha notificado oficialmente, buques de ninguna utilidad para el combate.

2.º El plan de defender la isla de Puerto Rico, abandonando la de Cuba a su suerte, es de todo punto irrealizable; pues si la escuadra americana destroza una ciudad de la última isla, a pesar de todos los planes del Gobierno sobre esta materia, y así fuere el mayor disparate, el Gobierno mismo se verá obligado, por la opinión en masa, a lanzar esta escuadra contra la americana en las condiciones y en el sitio que a ésta le plazca escoger.

3.º Aun suponiendo que se hubiera resuelto la defensa de Puerto Rico como única, la travesía, hoy después de declarada la guerra de hecho, sin un puerto militar donde reorganizarse a la llegada y sin una escuadra nuestra que distraiga a la del enemigo, que se supone hará Saint Thomas su base de operaciones, es también un error estratégico, tanto más deplorable, cuanto se ha dispuesto de meses y aun de años para acumular en las Antillas las fuerzas necesarias. Lo que parece probable de las noticias adquiridas, es que los recursos acumulados en Saint Thomas deben ser para hacer el enemigo su base de operaciones en las cercanías de nuestras indefensas Vieques; todo lo que constituye una responsabilidad en el viaje, que debe quedar toda al Gobierno de S. M.

4.º Reunidos estos tres acorazados y el *Cristóbal Colón*, sin sus cañones de romper,[9] a los dos que quedan en la Península y a los pocos y viejos torpederos que nos restan, se puede defender nuestro litoral desde el Guadiana a Cabo Creus, con las Baleares y Canarias, gracias a la distancia del enemigo de su base de operaciones; pero defensa que será seguramente encarnizada si el enemigo acumula aquí sus buques más modernos; pero sin que sea posible evitar que las costas de Galicia y del Norte de España sufran más o menos, si el enemigo trae consigo una división ligera, ni aun ataques

---

9 Esta extraña calificación, la usé para que entrara en la cabeza de los hombres políticos que lo habían de leer; pues era evidente que se daría cuenta de estos documentos en Consejo de ministros.

de horas en las mismas costas protegidas, pues los buques son muy pocos para dividirlos.

5.º Sensible es que no haya buques suficientes para atender a todas las necesidades; pero el deber y el verdadero patriotismo obligan a presentar frente a frente los recursos que nos dio el país y las necesidades que las circunstancias acumulan sobre la patria en peligro.

6.º Por último, opina que, con el mayor respeto, debe someterse la situación militar al señor ministro de Marina, reiterando la más profunda subordinación a las órdenes que comunique, y el firme propósito de realizar, con la mayor energía, los planes de operaciones que dicte a estas fuerzas, con completa abstracción de las consecuencias, que, una vez hechas presentes, quedan al cargo y responsabilidad del Gobierno de S. M.

San Vicente de Cabo Verde, 20 de abril de 1898.

Víctor M. Concas.[10]

Estas expresivas comunicaciones debemos decir lealmente que llegaron a España, suponemos que el 5 de mayo; y decimos suponemos, porque, aunque reconocidas lealmente por el ministro de Marina que era entonces, no consta su recibo y han sido extraviadas probablemente en el Consejo de señores ministros; puesto que esto produjo órdenes tan importantes como la del regreso a España, ordenado en 12 de mayo, y de lo que hablaremos más adelante.

Pero discurriendo con toda lealtad, como en cuanto exponemos, debemos decir que el Gobierno no tenía más noticia aquel día que nuestro ya referido telegrama del 20 dando cuenta de la junta.

La contestación fue otro telegrama mandando suspender la salida y manifestando que se reunía en Madrid una Junta de almirantes.

---

10 Como siempre es grato presentar testimonios que concuerden con la opinión que uno ha sustentado en circunstancias extraordinarias, séame permitido citar, de acuerdo con lo dicho en este voto, que consta por telegrama del almirante Sampson, fecha 12 de mayo, que enviaba el crucero auxiliar *Yale* a Saint Thomas por noticias; así como por telegrama del 8 de mayo decíale a su Gobierno, entre otras cosas, «que si le enviaba los buques auxiliares que pedía se dirigiría a San Juan, destruyendo probablemente las fortificaciones, estableciendo una base provisional en Isla Culebra, al este de Puerto Rico, etc.», que es lo que lo expresaba en el punto tercero.

Mientras tanto, seguía la comunicación telegráfica con Madrid, como resultado de lo que todos íbamos profundizando la cuestión.

El 21 de abril el almirante Cervera dirigió al Gobierno el siguiente expresivo telegrama:

Mientras más medito, más es mi convicción que continuar el viaje sería desastroso. Los comandantes de los buques tienen igual opinión, y algunos más enérgica que yo.

El 22 de abril hubo de preguntar el almirante si la guerra estaba declarada.

El mismo día el almirante volvió a telegrafiar:

Suplico a V. E. que me permita insistir en lo desastrosas que conceptúo las consecuencias de nuestro viaje a América para porvenir de la patria. Así opinan todos estos hombres de honor. Suplico a V. E. que lea este telegrama, así como mi correspondencia oficial y confidencial al presidente del Consejo, para tranquilidad de mi conciencia.

Por fin, el día 24 se recibió el siguiente telegrama:

Madrid 24 de abril de 1898.

Oída la Junta de generales de Marina, opina ésta que los cuatro acorazados y los tres *destroyers* salgan urgentemente para las Antillas. Sometida esta opinión al Gobierno de S. M., la acepta, disponiendo que se den a V. E. amplias facultades para dirigirse a las Antillas, confiando en su pericia, conocimiento y valor; pudiendo tomar informes en aquéllas antes de recalar a Puerto Rico o Cuba, si lo estimase más conveniente, en vista de informes recibidos. La derrota, recalada, casos y circunstancias en que V. E. debe empeñar o rehusar el combate, quedan a su más completa libertad de acción. En Londres tiene a su disposición 15.000 libras. Los torpederos deben regresar a Canarias con los buques auxiliares, marcándoles V. E. la derrota. La bandera americana es enemiga.

Como se ve por este telegrama, los torpederos tenían que regresar a Cádiz con el vapor de este nombre, que ya los convoyaba; pero había que sacarle antes todo lo de los *destroyers* que seguían con nosotros, con la dificultad natural de esas operaciones cuando se altera el orden en que están preparadas las cajas dentro de las bodegas, y cuando así, a veces, hay que sacar bultos que tienen encima todo el cargamento. Pero lo peor era que tan justo teníamos el carbón en la escuadra, que hubo que tomar el que tenía el *Cádiz* en carboneras, y como el buque no es de carga, sino de pasaje, todo hombre de mar sabe lo largo y lo penoso de una faena de esas que no responden nunca al trabajo y al tiempo que representan.

Aprovechando la circunstancia de ser Villaamil diputado, telegrafió el 22 de abril a don Práxedes Mateo Sagasta, presidente del Gobierno, manifestándole que consideraba el sacrificio de la escuadra tan seguro como estéril y contraproducente; y como lo sublime y lo ridículo se dan siempre la mano, a este telegrama contestó el señor Moret, ministro de Ultramar, con otro en inglés diciendo: «Que Dios lo bendiga».

Al telegrama disponiendo la salida y a la bendición del señor Moret, que honestamente nos adjudicábamos todos, contestó el almirante en carta del 24, cerrada el 27, en la que, entre otras cosas, decía:

Como ya es un hecho consumado, no insistiré sobre el juicio que me merece (el telegrama). Quiera Dios que no sea profeta, como lo he sido cuando le decía a usted que para fines de abril no estarían listos el *Pelayo*, *Carlos V*, *Vitoria* y *Numancia*; ni el *Colón* tendría sus cañones gruesos, como no fueran los defectuosos; ni nosotros tendríamos municiones de 14 centímetros de las nuevas para batirnos.

Con la conciencia tranquila voy al sacrificio, sin explicarme ese voto unánime de los generales de Marina, que significa la desaprobación y censura de mis opiniones; lo cual implica la necesidad de que cualquiera de ellos me hubiera relevado.

No había, por consiguiente, solución. La idea de volver violentamente a España, que bullía en la mente de todos, fue enérgicamente sostenida por el capitán de navío Díaz Moreu, como salvación de la patria; pero la opinión de los más, aunque de eso no se trató en junta de guerra, fue que la ignorancia en España era tan profunda, hasta en los hombres más ilustrados, que, sobre castigados, seríamos escarnecidos, sin llegar jamás a comprender ni lo sublime del sacrificio ni lo heroico de la resolución. No había más camino que la obediencia, que equivalía a la pérdida para España de lo que no estaba ya definitivamente perdido. ¡Además había la Junta de almirantes!

Con dolor profundo sentimos que la disciplina nos impida ocuparnos de esa Junta, no para censurarla, a pesar de su resolución, sino, por el contrario, para defenderla de los cargos que ha de hacerle la historia, si cuando ésta se escriba y pueda hablarse con toda libertad, no existieran ya los generales que la constituyeron, para que a lo abstracto de cada voto puedan agregar el relato completo de lo sucedido, que solo ellos pueden hacer. Pocas líneas más abajo copiamos íntegra una carta del señor don Francisco Silvela, actualmente presidente del Consejo de ministros, que hace mención de palabras del hoy finado almirante de la Armada don Guillermo Chacón, que fue uno de los que votaron por la ida a las Antillas, y cuya discrepancia dice más en favor de la citada Junta y de lo que exponemos, que cuanto pudiéramos agregar.

A esa Junta fueron llamados todos los almirantes que residían en Madrid, incluso los de la reserva, que, alejados ya por su edad y achaques del estudio de las vertiginosas transformaciones del material, no ha sido jamás práctica llamarlos a estos Consejos. Eran, sin embargo, en su mayoría hombres políticos, y como política se presentó la cuestión, pues hubo de ponérseles delante la sublevación hasta de las piedras de la calle, lo mismo en Cuba que en España; y una de dos: o en aquella Junta sobraban los políticos o sobraban los puramente técnicos; y aunque para nosotros son todos jefes tan conocidos como estimados, y no nos cabe duda que todos sustentaron su opinión con la independencia que a cada uno caracteriza, siempre habrá una interrogación sobre un voto, que fue el que arrastró a los demás; pues el que lo emitió, político por excelencia, tardó solo veintisiete días en ser llamado al Ministerio de Marina, cual si fuera una recompensa.

Contra la salida votaron cuatro almirantes, aunque en diversa forma, proponiendo antes la reunión de todos los buques; y muchos son los vocales que después han manifestado públicamente su sentimiento por aquella votación, pues ocurrió en esta Junta lo mismo que en la nuestra de Cabo Verde; es decir, que fueron llamados por sorpresa; y tenemos la evidencia que de haber dejado en uno y en otro caso veinticuatro horas de tiempo entre la reunión y el gravísimo acuerdo que había que tomar, la energía de nuestro telegrama hubiera sido tal, que habría hecho ver la luz hasta a los ciegos, y el acuerdo de la Junta de almirantes hubiera sido seguramente, por voto unánime, de que ni juntos ni separados nuestros buques de combate debían abandonar jamás las costas de la Península.

Votaron en contra los generales de la Armada Lazaga, Gómez-Imaz, Mozo y Butler; pero los dos primeros, no creyendo que habían hecho bastante, y con más convencimiento del cataclismo nacional que se venía encima, de común acuerdo llevaron sus gestiones fuera de la Junta, llamando a todas las puertas; pues creían, y era muy cierto, que aún había tiempo para salvar la patria.

Sentimos que el señor contraalmirante don José Gómez-Imaz no haya podido autorizarnos a hacer públicos los pasos que dio en determinadas esferas, pues redundarían en el más elevado concepto de su patriotismo y de la conciencia de su deber como buen español, así como de las personas a quienes se dirigió, que hicieron cuanto les fue posible; pero, afortunadamente, el general de la Armada don Joaquín M. Lazaga nos ha autorizado para publicar la parte que le cupo en estos últimos esfuerzos para salvar al país; lo que agradecemos tanto más, cuanto que, de lo contrario, podría parecer un recurso en pro de nuestra tesis.

El general Lazaga fue a ver al señor don Francisco Silvela, jefe del Partido conservador, el cual quedó profundamente impresionado y convencido del desastre que nos amagaba. Inmediatamente fue a conferenciar con el presidente del Consejo de ministros para interesarse enérgicamente en que no saliera la escuadra, y la carta que copiamos a continuación, autorizados debidamente para hacerla pública, dirá mejor que nada cuál fue el resultado de la patriótica gestión del señor Silvela y del general Lazaga, sirviéndonos a la par para demostrar que había en Madrid quien compartía nuestra opinión y que entendía cual deben entender sus deberes los hombres de gobierno.

La carta dice así:

Francisco Silvela.

Serrano, 1, Madrid.

Excmo. Señor general don Joaquín María Lazaga.

Mi querido amigo: Hablé al presidente, según le ofrecí, pero sin resultado práctico: me dijo que las instrucciones a Cervera son amplísimas para su derrota: que el mayor andar de los barcos le permitirá rehuir el encuentro si no se halla en condiciones; que puede ir a Cuba, Puerto Rico o puertos de los Estados Unidos y esperar para un combate decisivo a los que irán desde aquí: no me parece esto práctico ni posible, aunque profano. El almirante Chacón le ha dicho a Villaverde que él también cree de absoluta necesidad la concentración de la escuadra, y que se haría un gran servicio si se conseguía esto de Sagasta; he insistido con éste; ya es tarde. ¡Dios proteja a nuestros bravos marinos, en los que está hoy toda nuestra esperanza de salvación, al menos del honor! Ya procuraré ver a usted para más detalles; pero como juzgo cuál será su inquietud, le comunico esto, que en manos de usted está bien seguro.

Muy suyo afectísimo amigo, F. Silvela.

Miércoles.

A pesar de ello, el telegrama de salida se confirmó. ¡Dios había abandonado a España de su mano! La suerte estaba echada, y el Gobierno Moret-Sagasta había escrito en nuestra historia: *Finis Hispaniae!*

Capítulo IV. Documentos y comentarios

Los hombres de Estado españoles debían suponer que servían mejor el honor de su país exponiendo al mundo su incomprensible incapacidad, que entrar en tratos con los Estados Unidos y abandonar a Cuba por consideración a las circunstancias, antes que su incapacidad quedara manifiesta a todo el mundo.

(*The Lessons of the Spanish-American War.*) Colomb, página 433.

Si estas líneas que publicamos hoy las hubiésemos podido dar al público a raíz de los sucesos, seguramente que habrían sido arrebatadas de mano en mano, no ciertamente en el interés de buscar nuestra justificación, ni quizá la del desastre, sino para poner en práctica aquella profunda máxima de Talleyrand, de que «cuanto hables y escribas te será repetido y se volverá contra ti»; pero hoy ni eso siquiera podemos esperar los que ansiamos ser discutidos con toda la mala fe que se quiera, pues los hechos hablan demasiado alto para que temamos una controversia; pero actualmente sería en vano que pretendiéramos el interés de otro tiempo, cuando los interesados en ocultar su responsabilidad, que no han depurado como nosotros delante de ningún tribunal, han conseguido por diversos medios que caiga sobre esta historia el gran remedio de los políticos, el tiempo, y con él ¡la indiferencia pública!

Ante esta tremenda conspiración del silencio, que es una realidad, nos amparamos de la historia y de nuestros compañeros de Marina, lo mismo españoles que extranjeros, lo que, unido a los hombres de buena fe que estudien el desarrollo de este drama, nos proporciona, en cambio, un jurado honrado, inteligente y de absoluta independencia, ante el que no vacilamos en someter nuestra causa, ya que las intencionadas circunstancias nos han arrebatado el sufragio universal.

Para completar los datos necesarios a robustecer el convencimiento de lo que dejamos dicho en el capítulo anterior, es preciso conocer una porción de documentos oficiales que en el extranjero se han publicados íntegros, y de los que unos han sido copiados por *La Época* y otros por *El Correo Gallego*, de Ferrol, suplemento del 17 de febrero de 1899, así como por diversos periódicos; repitiendo una vez más que solo hacemos mención de lo que es público, no de lo que debiera serlo.

Antes de seguir adelante, daremos a conocer un hecho que seguramente ha de tener muchos imitadores en lo sucesivo. El almirante Cervera, en previsión, no ya solo de accidentes en el buque de su insignia, sino en la lucha de intereses opuestos que ocurre siempre en los grandes hechos históricos, sobre todo cuando razonablemente no han de ser favorables, y considerando la necesidad de irse formando un testamento a su historia militar, remitió todos sus documentos originales a persona segura, la que, en unión de dos más, también muy respetables, levantaron un acta, acreditando el recibo de dichos documentos, y del mismo modo el día 2 de julio por la noche fueron a poder del arzobispo de Santiago de Cuba todos los demás documentos oficiales y semioficiales hasta dicha fecha, con lo que datos tan importantes no perecieron al día siguiente entre las llamas que devoraron la capitana de la escuadra.

No vamos a copiar esos documentos, puesto que ya han sido publicados íntegros y circulados por el mundo entero, ni aun a comentarlos más que brevemente; bastando solo a nuestro objeto las indicaciones precisas para defender la tesis que hemos sentado respecto a los preparativos hechos en España antes de la guerra, separando a la vez detalles que han apartado la atención de lo principal, y reduciendo el volumen, que ha hecho que muchos no los leyeran.

Si bien el almirante empezó su importante correspondencia en 3 de diciembre de 1897, fue en febrero de 1898 cuando, precipitándose los acontecimientos y determinados los viajes de los cruceros *Vizcaya* y *Oquendo*, el almirante dio más energía a sus observaciones, determinadas por un oficio del 6 de febrero de 1898.

En carta del 7 decía, entre otras cosas: «Tengo la seguridad de que se guarda una absoluta reserva, que no trascenderá ni a mi capitán de banderas.»

Lo que, como hemos dicho al tratar de la junta de Cabo Verde, es rigurosamente exacto.

El 9 de febrero, hablando de los cañones del *Colón*, decía:

Y si no tenemos otros cañones, y los que de éstos se tomen pueden disparar siquiera veinticinco o treinta tiros, tomarlos, aunque sean caros y malos, y sin perder tiempo, para que el barco esté armado cuanto antes y puedan estar oportunamente listas sus municiones.

Como se ve, esto indica un convencimiento profundo de que era inevitable la declaración de la guerra.

En carta del 11 de febrero decía el almirante al ministro:

Tengo siempre muy presente lo que es la prensa de este país, y así habrá usted observado cómo eludo en mis telegramas usar ciertas frases que alarmen, ni nada que pueda excitar las pasiones; en estas cartas íntimas, así como en lo reservado, ya es otra cosa, y creo que le debo mi opinión desnuda, sin ambages ni rodeos.

No nos cansaremos de repetir esta observación a todas las personas sensatas; pues la prensa, en todo el mundo, pretende poco menos que todas estas cosas se discutan en la plaza pública; y cien veces hemos oído repetir, al tratarse estos asuntos, la pregunta de «por qué no lo habíamos dicho», como si debiera y pudiera consultarse uno a uno a todos los españoles.

En 12 de febrero preguntaba ya el almirante cuál había de ser el plan de campaña en la posible guerra con los Estados Unidos.

El 16 de febrero, después de hacer presente la enorme desproporción de fuerzas, el almirante dice, entre otras cosas: «Me parece que padece usted algún error al sumar las fuerzas de que disponemos, en el desgraciado caso de una guerra con los Estados Unidos.»

Y sigue: «Miedo da pensar en las resultas de un combate naval, aunque nos fuera ventajoso.»

En estas frases el almirante dice lo que después han dicho un sinnúmero de escritores; y es, que las averías hubieran inutilizado a nuestros buques durante la guerra, mientras que el enemigo tenía sobradas fuerzas para que los daños que recibiera le fueran indiferentes, y elementos inagotables para remediarlos brevemente, caso que esos daños fueran de importancia.

En 25 de febrero hacía presente que para la época en que se presumía la guerra no estarían listos ninguno de los buques que estaban en reparaciones, y dudaba que estuviera listo el *Colón*, como así fue.

En diversas cartas trataba la importantísima cuestión de los casquillos metálicos de los cañones de 14 centímetros, de lo que haremos nosotros mención al hablar de la salida de Santiago.

En carta de 26 de febrero dice las siguientes memorables palabras, que debieran quedar grabadas en el corazón de todos los buenos patriotas:

Hoy va el oficio que le anuncié ayer: tristes y desconsoladoras son sus conclusiones; pero, ¿estamos en el caso de hacernos ilusiones? ¿No debemos lealmente a nuestra patria, no solo nuestra vida, si es necesaria, sino la exposición de lo que creemos? Yo estoy hace tiempo inquieto por todo esto; me pregunto si me es lícito callar y hacerme solidario de aventuras que causarán, *si ocurren, la total ruina de España*; y todo por defender una isla que fue nuestra; porque, aun cuando no la perdiésemos de derecho con la guerra, la tenemos perdida de hecho, y con ella toda nuestra riqueza y una enorme cifra de hombres jóvenes, víctimas del clima y de las balas, defendiendo un ideal que ya solo es romántico.

Quizá se creyó que el almirante veía el cuadro demasiado sombrío, cuando en otra parte todo era optimismo; pues en 3 de marzo decía al ministro:

Yo he creído llenar un deber diciendo sin ambages ni rodeos a quien debo decirlo, que es a usted y al Gobierno, todo por su conducto de usted, cuál es mi opinión, y después venga la voz ejecutiva, que será puesta en práctica con energía y decisión y con resignación de lo que pueda venir.

Adelantando rápidamente los sucesos, el 7 de marzo escribía el almirante:

Cualquiera que sea el giro que se dé al conflicto, ya sea la guerra, ya negociaciones directas, ya por mediación de un tercero, árbitro o no, mientras más tarde en resolverse peor para nosotros; porque, si es la guerra, nos cogerá más extenuados mientras más tarde llegue; y si es la negociación, de cualquier género que sea, vendrá después que los Estados Unidos hayan planteado muchas más exigencias, cada vez más irritantes, a las que habremos tenido que ceder para ganar tiempo con la vana esperanza de mejorar nuestra situación militar. Y supuesto que nuestra situación no ha de ser mejor de lo que es, veamos qué podemos esperar de la guerra en tales condiciones. Insensato sería negar que lo que racionalmente podemos esperar es la derrota, que podrá ser gloriosa, pero que no dejaría de ser derrota que nos haría perder la isla en peores condiciones, etc.

Y sigue más adelante:

Nunca he pensado en las fuerzas que los Estados Unidos tienen en el Pacífico y en Asia para el desarrollo de los sucesos en las Antillas; pero siempre he visto en ellas un gran peligro para nuestras Filipinas, que no tienen fuerzas que oponerles, ni aun parecidas como una sombra. Y lo que es por sus costas del Pacífico, bien seguros están los Estados Unidos de nosotros.

Y a esas palabras, ya tan memorables, agregaba en la misma carta las que quizá son las más graves de toda la correspondencia, diciendo:

Yo no sé fijamente cuáles son los sentimientos patrios respecto de Cuba; pero me inclino a creer que la inmensa mayoría de los españoles desea la paz antes que todo: solo que los que así piensan, sufren y lloran en sus hogares, y no gritan como la minoría, que vive y medra con la continuación de este orden de cosas; pero éste es asunto que no me incumbe analizar.

El 16 de marzo pidió el almirante en todos los tonos posibles ser llamado a Madrid para formular un plan y hacer ver lo espantoso de la situación, y no son sus palabras las más graves cuando dice: «Como no podemos ir a la guerra sin caminar a un desastre seguro y horroroso, etc.: la guerra nos conducirá seguramente a un desastre seguido de una paz más humillante y de la ruina más espantosa.» Y concluye pidiendo ir a Madrid a informar verbalmente al Gobierno; petición reiterada con frenética insistencia en telegrama del 7 de abril, que recibió por contestación que las instrucciones las recibiría en Cabo Verde.

De propósito no hemos hecho mención de ninguna de las contestaciones que recibieron esas patrióticas observaciones; pero sí hemos de hacer mención de una carta del 7 de abril, del señor ministro de Marina al almirante, recibida en Cabo Verde, carta que ha sido publicada, y cuya índole nos obliga a detenernos en ella. Dice así, entre otras cosas:

> Pero el presidente de los Estados Unidos se encuentra envuelto en la ola que él mismo se ha creado, y que ahora trata de apaciguar etc.
> En las instrucciones que recibirá se dibuja un pensamiento general, que usted, con sus capitanes, desarrollará; etc.

Esto de la ola era una frase que había hecho fortuna en Madrid, por el estilo de la de un nuevo Trafalgar, y que hace la apología de la política inocente que con tanta justicia como severidad juzga el almirante Colomb.

El segundo párrafo indica que las instrucciones estaban escritas; luego el almirante pudo recibirlas en Cádiz el 8, antes de salir, enviadas por el mismo correo, o por una locomotora y un ténder, o por telégrafo, que bien lo merecía, y nunca por un carbonero icon diez y once días de fecha!

No comentamos por completo la carta ni otras, por antiguo afecto, respeto y sentimiento al ministro que tuvo la desventura de serlo en esa ocasión; pero hay en este asunto algo mucho más grave que atañe a todo el Gobierno, como es que, mientras el día 7 estaba escrita y determinada ya la marcha de la escuadra a Cuba, el día 12 se telegrafiaba a Filipinas para que regresara, casi violentamente, a la Península el capitán general del Ejército don Fernando Primo de Rivera, que acababa de entregar el gobierno general, y que, considerando que la autoridad que le había relevado era nueva en Filipinas y las circunstancias gravísimas, pedía con insistencia quedar allí a sus órdenes, tanto por su influencia en el país, como para mandar fuerzas del Ejército si la guerra estallaba; y mientras la escuadra ya el 11 había rebasado Canarias, rumbo a Cuba, según las instrucciones que detrás traía el carbonero, el 12 el señor Moret, ministro de ultramar, imponía el regreso de un general cuyos servicios indudablemente hubieran sido tan útiles en el extremo Oriente; tanto más, cuanto por parte del interesado representaba un sacrificio extraordinario, puesto que nada grato se podía augurar. Puntos son éstos de una gravedad sin ejemplo, y que recae sobre los hombres políticos del ministerio Sagasta, y de los que, si nuestra defectuosa organización no puede pedirles cuenta. Dios y la Historia han de tratarlos con harta más severidad.

Y nada digamos si el 7 de abril, telegráficamente, hubiera llegado la orden de salir a toda fuerza para La Habana, donde con todo desahogo se pudo haber hecho la concentración días antes de declarar la guerra, cuyo giro hubiera sido muy distinto.

Se dice que en esta fecha había telegramas muy urgentes de Filipinas, de La Habana y Puerto Rico para el envío de la escuadra, telegramas que son positivos, pero que nos parecen muy naturales y nada censurables; pues claro está que cada autoridad superior pedía para su iglesia, que era de lo que respondía; pero de ningún modo estos telegramas con que el Gobierno quiere excusar su responsabilidad del envío de la escuadra a las Antillas, pueden servirle de tal excusa, pues él era el llamado a centralizar los intereses comunes, y lo mismo que hizo después, a última hora, invocando la salvación de la madre patria, debió haberse hecho entonces, y no dar largas de pocos días, que, a trueque de ganar algunas horas, habían de ser la total ruina de España.

Ya hemos dicho que llevar la escuadra a Puerto Rico era precipitar su pérdida y la de la isla, y así lo han dicho Mahan y Sampson y el mismo Departamento de Marina americano, tal, que no hubiéramos creído la petición de dicha escuadra si no la hubiéramos visto confirmada en telegramas del 20 de abril y 18 de mayo, que sentimos no poder insertar.

La petición de la escuadra desde Filipinas era más lógica, pues había tiempo de improvisar un puerto de abrigo antes que llegaran mayores fuerzas; en Cuba fue lógico, si no la petición, al menos el viaje mientras hubo posibilidad de poder entrar en La Habana sin un combate previo; pero ya en la fecha en que se salió de Cabo Verde equivalía a la derrota segura desde el momento que había de ser imposible entrar en aquel puerto.

En resumen: nuestra voz no fue escuchada; sin embargo, debemos agradecer el concepto de hombres de honra y valor, que sin duda merecíamos de la superioridad, cuando, a pesar de todo, no se dudó ni de uno ni de otra, y siguieron confiados a nuestras manos aquellos buques, que eran los únicos que tenía España.

Capítulo V. Salida y viaje a las Antillas

La escuadra. Llegada a las aguas de la Martinica. Falta de noticias y nuestro cónsul. El vapor *Alicante* y noticias de su capitán

> Y de esta suerte se hizo a la mar Cervera con sus cuatro valientes naves, *sentenciado irremisiblemente* por la locura o el falso orgullo nacional que se manifestaba en la forma de presión política, sorda a todo juicio profesional y experiencia militar.
>
> Mahan.

El día 29 de abril, a las diez de la mañana, perdíamos por Oriente la vista de las islas portuguesas.

Componían la escuadra el crucero acorazado *Infanta María Teresa*, de mi mando, con la insignia del contraalmirante don Pascual Cervera, estando a bordo como jefe de Estado Mayor el sabio capitán de navío don Joaquín de Bustamante.

El *Infanta María Teresa* desplazaba 7.000 toneladas, consistiendo su protección en una faja de acero compound, de 30 centímetros de espesor, y la cubierta protectora, que cubría toda la parte inferior del casco.

Montaba este crucero dos cañones González-Hontoria, de 28 centímetros, en dos buenas barbetas acorazadas; todo lo que constituía la parte fuerte del buque.

La batería principal la constituían diez cañones de 14 centímetros, del mismo sistema, montados en cubierta, y sin más protección que débiles manteletes, cañones que eran de tiro rápido, pero algo anticuados, por ser artillería transformada. Y en la batería baja llevaba ocho cañones Nordentfelt, de 57 milímetros, y otros ocho revólvers Hotchkis, de 37 milímetros, sin protección alguna. El andar en pruebas había sido de 20 y media millas.

Seguía el *Oquendo*, al mando del capitán de navío don Juan Lazaga, y el *Vizcaya*, al del capitán de navío don Antonio Eulate, ambos buques exactamente iguales al *Teresa*.

Y, por último, el *Cristóbal Colón*, recién construido en Génova, al mando del capitán de navío don Emilio Díaz Moren, teniendo a bordo al segundo jefe de la escuadra, capitán de navío de primera clase (comodoro), don

José de Paredes. Este buque, como hemos dicho, no llevaba sus cañones grandes (le faltaban los dos de 30 toneladas); tenía en batería diez cañones de 15 centímetros Armstrong, seis de 12 centímetros y diez de 57 y 37 milímetros, estando todo él cubierto por una coraza de acero níquel de 15 centímetros.

Completaban la escuadra la división de destructores de torpederos al mando del capitán de navío don Fernando Villaamil, de ellos el *Terror* y *Furor*, de 380 toneladas, al mando de los tenientes de navío de primera clase don Francisco de la Rocha y don Diego Carlier, y el *Plutón*, de 420 toneladas, al mando del teniente de navío de primera clase don Pedro Vázquez.

Buques auxiliares, cruceros rápidos y, sobre todo, carboneros, ininguno!

El orden de viaje fue el de dos columnas, endentado, llevando las dos insignias la cabeza de cada columna y navegando de modo que los buques, al par que pudiesen navegar con alguna más libertad, se hallaran en situación de constituir casi instantáneamente la línea de fila sobre la primera división.

Los destructores acordó el almirante que fueran a remolque, tanto para no tenerles que dar carbón en la mar, cuanto para que las delicadas máquinas de esos buques llegaran a América en buen estado de servicio; pero como al salir de Cádiz no se había contado con ese remolque, y aunque se hubiera contado, las estachas que son necesarias para ello hay que hacerlas construir ex profeso, y no las había ni en el arsenal ni en el mercado, así como otros pequeños detalles que nada valen, pero imposibles de improvisar con los recursos de a bordo, el resultado fue que el remolque se hizo muy trabajoso; y como la poca masa de los destructores y, sobre todo, sus grandes hélices les hacían dar grandes guiñadas, faltaban las estachas con harta frecuencia, perdiéndose un tiempo precioso.

Así y todo, la ventaja era muy grande; pero no por eso nos libramos de darles carbón en la mar, operación que, hecha con la marejada que producía un alisio fresco, en que perdíamos de vista los botes a los pocos metros de los buques, resulta muy penosa y arriesgada, según es notorio a todo hombre de mar.

El *Vizcaya*, que hacía casi un año que no limpiaba sus fondos, era el único que no llevaba remolque, tanto más cuanto que el consumo de carbón, para un andar insignificante de 7 millas, que fue lo que permitieron los remolques, era tan superior al de los demás buques, que con razón nos preocupaba a todos.

Dos días antes de la recalada se largaron los remolques; los buques mayores formaron en línea de fila, a la cabeza la capitana, y los destructores al costado, en disposición de recibir órdenes. Se encendieron todas las calderas, y el andar se reguló a 11 millas, en cuya disposición fueron los destructores los primeros en causarnos retrasos por averías en sus máquinas, las que, aunque en muy pequeña escala, tampoco nos habían faltado a los buques mayores durante el viaje.

El día 10 de mayo el almirante destacó los dos *destroyers Terror* y *Furor* para la Martinica, al mando de Villaamil, con órdenes de ver si podíamos obtener carbón y, sobre todo, noticias.

La operación se había calculado a una marcha de 20 millas, pero a las pocas horas de separarse los *destroyers* de la escuadra, el *Terror* quemó sus calderas, quedando en medio de la mar hecho una boya, y gracias que, con no poca dificultad, se pudo arreglar una de ellas para que tuviera algún movimiento propio, con lo que Villaamil lo abandonó a su suerte, en la seguridad de que lo encontraríamos al paso, siguiendo con el *Furor* para su destino.

El punto de recalada de la escuadra era desconocido para todo el mundo fuera de ella, pues el almirante Cervera, en previsión de cualquier indiscreción, no había dado noticia de ello ni aun al mismo Gobierno; pero como el 22 de abril desde Cabo Verde el almirante Cervera había telegrafiado al ministro de Marina «es conveniente que en puertos principales Antillas donde estos buques pudieran arribar haya agentes de confianza para darme noticias», con razón esperaba que en la Martinica hallaría esas noticias, tanto de lo que hubiera ocurrido en el intermedio, como del modo que el enemigo llevaba la campaña y el conocimiento posible de la distribución de sus buques. Era, pues, lógico suponer que nuestros cónsules estarían alerta, y puede suponerse cuál sería la decepción de Villaamil en Fort-de-France al hallar que el nuestro estaba en el campo. Y no se arguya que era un francés y solamente agente consular, pues después demostró tal interés y celo para desempeñar su cargo, que es indudable que, si hubiera tenido la menor advertencia, habría estado en la ciudad para prestar su cooperación en favor de España.

Sin la compañía de nuestro cónsul, fue Villaamil recibido agriamente y con dificultad por el gobernador, y no hubiera obtenido noticia alguna a no haber estado en puerto el vapor hospital *Alicante*, de la Transatlántica, cuyo celoso capitán don Antonio Genis llevaba un diario de lo que ocurría, que aunque tomado de fuente tan insegura como era la de los periódicos, fueron las que pudo adquirir Villaamil, además de la manifestación del gobernador de que no nos daba carbón, y que no estaba allí el buque con combustible que había anunciado el Gobierno; más la prohibición de salir, pues dijo que acababa de hacerse a la mar el crucero auxiliar americano *Harvard* desde un puerto cercano, y se consideraba por aquellas autoridades como si fuera el mismo de la capital.

Puede considerarse la situación de Villaamil, con la ansiedad natural de saber que el almirante avanzaba rápidamente y que lo esperaba en alta mar; así que, antes que pudiera hacerse efectiva la detención de su buque, levó a medianoche, y, mediante unos botes del Alicante, en que su propio capitán fue a alumbrar con faroles las boyas de la boca del puerto, rompió por todo, y andando 20 millas, fue en busca de la escuadra.

Sucedió en esto una cosa muy natural en la guerra, produciendo un error por ambas partes.

En efecto; según el comandante del *Harvard*, por documentos publicados después por el Gobierno americano, se creyó bloqueado por un torpedero nuestro; lo que no es así, pues el *Furor* se dirigía a Fort-de-France, no solo sin saber si había o no buques enemigos en aquellos mares, sino con la orden terminante de esquivar todo encuentro que pudiera entorpecer el objeto principal de su comisión; así es que no hubo tal demostración.

Por nuestra parte, y como el gobernador había dicho a Villaamil que el *Harvard* había salido, éste lo creía adelantado unas seis horas; y como viera un gran vapor sobre la costa; se creyó descubierto y aun perseguido; lo que después se ha visto que tampoco era exacto.

Estos incidentes tan comunes en la guerra dan una explicación, siquiera plausible, de tres supuestos combates, dos en las Antillas y uno en Filipinas, en que los americanos, quizá tomando por torpederos a montones de algas, suponen haber destruido tres torpederos nuestros; lo que es de todo punto inexacto, pues mal podían batirlos ni destruirlos cuando ni en un lado ni en otro había ni uno solo para muestra.

Se presenta aquí una cuestión que ha sido discutida después, pero que ya entonces se presentaba muy clara para nosotros, y era que, más que los descubridores enemigos, el telégrafo era el que nos iba a denunciar, como así sucedió efectivamente. En efecto, de no haber estado a ciegas y sin carbón, la escuadra hubiera pasado de noche entre dos islas, y una vez internada en el mar de las Antillas, habría caído sin previa noticia sobre el puerto que conviniese; pero la absoluta necesidad de noticias y de carbón era tan grande, como no puede ocultarse a nadie (pues, como se recordará, ni aun con seguridad sabía el almirante que la guerra estaba declarada), que no había otro modo de proceder que ir en busca de noticias y de carbón a cualquier costa.

Había pasado la hora convenida, y la ansiedad de todos era grande, e imponente el silencio en los buques, que avanzaban apagadas todas las luces, menos una a popa entre pantallas para guiar al crucero inmediato; tendido todo el mundo en sus puestos de combate, completamente preparados a todo evento, hasta poco después de las dos de la madrugada, que los reflectores eléctricos del *Furor*, señalando sobre las nubes la contraseña convenida, y contestada enseguida, nos volvió a poner en relación con nuestro valiente destróyer y su decidido jefe.

A las tres de la madrugada estaba Villaamil al costado de la capitana, y por él supimos el desastre de Manila, ocurrido el 1.º de mayo; supimos también que una escuadra poderosa estaba sobre Puerto Rico; el bloqueo y algo de la movilización de las escuadras enemigas, aunque con la garantía única de los periódicos.

Y en cambio de esas pocas noticias, teníamos la seguridad de que el telégrafo ya nos había anunciado; que los transatlánticos *Harvard* y *Saint Louis* nos habían descubierto, y que estábamos en el teatro de la guerra, donde el enemigo dominaba, sin contradicción alguna, con tantos días de ventaja.

Había sido esta noche una de las más imponentes de esa azarosa campaña, y al salir el Sol, aunque fuera una locura, todos habríamos visto con satisfacción la aparición del enemigo, para salir de una vez de ese mar de dudas en que navegábamos, arrastrados al, más que inútil, pernicioso sacrificio.

Capítulo VI. Junta de guerra en el mar de las Antillas

La Habana, Cienfuegos, Santiago de Cuba y San Juan de Puerto Rico. Curazao. El telégrafo. El carbón en tiempo de guerra. El *Oregón*. En Curazao y sin noticias. Viaje a Santiago de Cuba. En Santiago. Órdenes para que la escuadra regresase a España. Observaciones de los gobernadores generales de nuestras dos Antillas. Opiniones del general Polavieja

El 12 de mayo amanecimos sobre la costa occidental de la Martinica, con objeto de dejar el destróyer *Terror* en aguas jurisdiccionales y que se dirigiera a Fort-de-France para arreglar sus calderas quemadas, con las que era un estorbo para la escuadra.

Separados algunas millas al Oeste, paró la escuadra y llamó el almirante a la orden a los comandantes, mientras se daba carbón a los otros dos destructores. En esta junta se acordó el viaje a Curazao, que dio luego por resultado la ida a Santiago de Cuba, maniobras que *a posteriori* han sido discutidas por todos los técnicos del mundo; por lo que nos vamos a ocupar detalladamente de las consideraciones que fueron el fundamento de las operaciones de aquellos días.

En primer lugar, hacía tiempo que se decía que los Estados Unidos estaban en tratos para comprar la isla de Saint Thomas; por consiguiente, razonablemente suponíamos que allí tendrían una estación, aunque fuera de un buque mercante o un yate para llevar la noticia; de modo que aquel mismo día la escuadra que se anunciaba en Puerto Rico sabría nuestra llegada, y como dicha escuadra no podía tener más objeto que esperarnos, lo más probable y casi seguro era que, sabiéndonos al Sur, fuera a cortarnos el paso sobre Punta Maisí o a la Mole de San Nicolás, o sobre Gibara, de cuyos puntos de probable encuentro, B y A del croquis que acompañamos, distaba 450 o 600 millas, respectivamente; mientras que nosotros, yendo por el sur de Santo Domingo, pues por el norte era el choque seguro, teníamos que recorrer lo menos 950 millas hasta el canal de Maisí, B, y mucho más al A, en la absoluta imposibilidad de evitar un encuentro con fuerzas muy superiores, si queríamos ir a La Habana por el Canal Viejo; encuentro que lo más cerca hubiera sido a 400 millas de dicha Habana. De modo que, siendo las fuerzas del enemigo completamente abrumadoras, los buques ligeramente averiados estaban irremisiblemente perdidos; pues en esa condición, y hostigados por el enemigo, no se hacen ciento y pico de leguas.

Los únicos puertos que, como hemos dicho, podíamos tomar eran: Puerto Rico, que quedó completamente descartado, pues, como con mucha razón ha dicho el almirante americano, podía tomarlo cuando quisiera; La Habana, que habíamos de suponer bien guardada, pues había de alargarles la guerra muchos meses, y lo estaba tanto, que ellos mismos han dicho después que no era de presumir en lo probable que intentase la entrada en La Habana; bien entendido que estaba mejor guardada con las escuadras lejos que cerca, pues sobre el mismo bloqueo hubiera sido muy difícil evitar que los buques, con averías o sin ellas, forzaran el cerco hasta llegar a abrigarse bajo las baterías de la plaza, mientras que un encuentro lejos de ella representaba la destrucción total de nuestras escuadras; Cienfuegos debíamos suponerlo también guardado, tanto más, cuanto que, habiendo visto nuestra escuadra al Sur, desde allí nos cerraba mejor el paso a La Habana; además, ese puerto, en el fondo de la ensenada de Cazones, es una verdadera ratonera, cuyo bloqueo es el más fácil, y al mismo tiempo la escapada la más difícil de todos los demás puertos de la Isla: sabíamos que tenía torpedos, pero que no tenía fortificaciones importantes, y además su boca es de muy dudosa defensa contra un ataque serio por mar.

Por otra parte, teníamos que andar 1.250 millas para llegar a él (punto de encuentro C del croquis), mientras que desde La Habana o de las Tortugas y Cayo West (Hueso),[11] base del enemigo, con menos de un recorrido de 500 millas se nos podían adelantar; por lo que del puerto de Cienfuegos no se hizo especial mención, hasta que, acosados por el hambre de Santiago de Cuba, fue una solución, lo que no lo era el día de la llegada a la Martinica.

Quedaba como única solución la ida a Santiago de Cuba, segunda capital de la Isla, que debíamos suponer y suponíamos abastecida y artillada, contando con las favorables condiciones de la boca del puerto. Además, el frontón sur de la Isla nos ofrecía salida posible en días de temporal y ancha mar para operaciones, una vez reorganizados y repuestos de todo; pero como también suponíamos que las fortificaciones habían de ser de tan poca importancia que no habían de servirnos de apoyo para una salida, no

---

11   Traducción vulgar que da nombre al Cayo. (N. del A.)

se decidió la ida a dicho puerto, en la esperanza de una solución que nos permitiera forzar el de La Habana.

De Martinica a Santiago de Cuba hay unas 950 millas, por lo que la escuadra enemiga, que estaba en Puerto Rico, pudo muy bien habernos ganado por la mano para llegar a la boca del puerto antes que nosotros; pero nunca creímos que lo hiciera, opinando que sucedería lo que sucedió, a pesar de que luego resultó que el almirante Sampson no supo nuestra llegada, y es que fue a cubrir la más remota posibilidad: la entrada en el único punto fortificado, o sea La Habana.

Aparte de todo lo expuesto, el Gobierno había anunciado que en la isla de Curazao encontraríamos carbón;[12] y como de esa isla no nos separaban más que 480 millas y de distancia a Cuba apenas perdíamos 200, se acordó dirigirnos a Curazao, puesto que, de tener con nosotros un buque carbonero, podíamos haber desaparecido en el mar de las Antillas, y por medio de una operación, por arriesgada que fuera, venir a caer sobre La Habana, cuya entrada, más o menos maltratados, no nos la hubiera impedido nadie, siempre que el combate hubiera sido a la vista de los fuertes.

Cosas tan extrañas se dicen sobre Marina, especialmente en España, que no estará de más digamos que, una vez rotas las hostilidades, no pueden los buques de guerra navegar como los transatlánticos, ni como ellos mismos hacen en tiempo de paz, llegando a los puertos barriendo las carboneras; pues si el paso se encuentra interceptado, es preciso tener carbón para poder maniobrar y no quedarse en medio de la mar sin movimiento alguno. Así, pues, si bien la escuadra tenía carbón suficiente para ir de la Martinica a Cienfuegos a son de paz, era una imprudencia temeraria ir a cualquier puerto lejano de Cuba, como luego veremos por el *Oquendo*, que llegó a Santiago apenas con 100 toneladas de carbón; por consiguiente, como en Curazao esperábamos fundadamente encontrar el carbón anunciado por el Gobierno en telegrama del 20 de abril, y sobre todo *noticias, noticias*, y más que nada *noticias*, se acordó la ida a Curazao como la mejor solución.

---

12   Telegrama oficial:

«Madrid 26 abril 1898. El ministro de Marina al almirante. Dada orden Londres enviar 5.000 toneladas carbón destino Curazao, a disposición V. E. o comandante Puerto Rico.»

Sobre esto dice Mahan lo que copiamos a continuación:

Puede muy bien ser que Cervera, no conviniéndole encontrarse con Sampson, cuyas fuerzas, contando con los monitores, eran muy superiores a las suyas, entendiese que el mejor camino era volver nuevamente a perderse de la vista nuestra. Indudablemente la ida a Curazao aumentó su derrota en cerca de 200 millas, sin contar los días que allí estuvo haciendo carbón. Pero si los holandeses efectivamente le permitían tomar todo el combustible que él quisiera, más cerca estaba de Cuba desde Curazao que desde la Martinica, y podría, en caso de durarle el carbón, arribar lo mismo a Santiago que a Cienfuegos que a Puerto Rico, y aun a la misma Habana; todas probabilidades de gran desconcierto para nosotros; *pero no era de presumir en lo probable, sin embargo, que intentase la entrada en el último puerto nombrado, o sea en La Habana.*

Mahan considera ventajoso para ellos que la escuadra del almirante Cervera se hubiera encerrado en La Habana, puesto que, teniendo cerca su base de operaciones, la guerra les era más cómoda y al mismo tiempo cubrían su base naval. Respecto a esto, estaba cubierta desde el momento que la escuadra fuera bloqueada, y, por otra parte, nos parece muy difícil asegurar qué es lo que hubiera sucedido. Por un lado, el desembarco, tan fácil en Santiago de Cuba, habría presentado para los americanos dificultades insuperables; y por otro, el bombardeo de La Habana, siempre posible hacerlo impunemente a gran distancia de noche, y aun de día, a pesar de los fuertes, era un problema del que estamos inclinados a juzgar muy desfavorablemente para nosotros; pues en aquellas ciudades, incluso los españoles acaudalados y radicados en el país, no había nadie en la Isla dispuesto a acordarse del ejemplo de Cádiz más que en música populachera: por otra parte, creemos muy posible que un levantamiento en masa del país, hasta entonces aparentemente quieto, hubiese dejado al general en jefe apenas con una parte insignificante de sus fuerzas para dar la batalla. Por consiguiente, entendemos que es muy arriesgado a equivocaciones aventurar cuál hubiera sido el curso de los sucesos; pues aunque los escritores americanos pretendan negarlo, la insurrección de Cuba había terminado la guerra, y la Isla no era ya nuestra, como dijo el almirante Cervera en la carta del 26 de febrero de 1898 que dejamos transcrita.

Ahora bien: por parte de la escuadra nuestra no cabía duda en la elección; pues aunque la ciudad de La Habana, aterrada por el bombardeo, nos habría arrojado al enemigo desatentadamente, siempre los buques incendiados habrían vuelto a puerto al abrigo de los fuertes, y se habrían salvado la mayor parte de ellos, así como sus tripulaciones, de caer prisioneros. Intereses encontrados que tenían que presentarse desde el momento que se había cometido el error de enviar a las Antillas una escuadra insuficiente.

Terminada esta digresión, que nos la ha sugerido lo discutido del asunto, en el que siempre encontramos el mejor y más sensato apoyo en las opiniones de los que fueron nuestros enemigos, seguiremos con el viaje a Curazao, que se verificó navegando en línea de fila, a vanguardia el almirante y los *destroyers* al costado, para maniobrar según se ofreciera.

El andar se reguló a llegar en hora oportuna, y parece excusado decir que iban todas las calderas encendidas y dispuestos los buques a cualquier evento.

En estos días precisamente, el 18 de mayo, fondeaba el *Oregón* en las Barbadas, estando el Gobierno americano en la creencia de que las maniobras de la escuadra pudieran ser con objeto de ir en busca de aquel buque, al que todos creíamos en el Pacífico; y con esto queda dicho hasta qué punto estaba servido de noticias el jefe de nuestra escuadra.

Llegados a la boca de Curazao el 14 de mayo por la mañana, la escuadra fue detenida a la entrada del puerto; y después de largas y enojosas negociaciones, manifestó el gobernador que las condiciones de neutralidad solo le permitían conceder la entrada a dos buques, cuya permanencia en la plaza no podía pasar de cuarenta y ocho horas, así como tampoco podríamos embarcar más que una determinada cantidad de carbón. Serían, pues, las dos de la tarde cuando entraron en puerto los cruceros acorazados *Infanta María Teresa* y *Vizcaya*, quedando fuera el *Colón*, *Oquendo* y los destructores *Furor* y *Plutón*.

Se adquirió con dificultad el carbón disponible, que, si mal no recordamos, eran unas 400 toneladas, y procedimos a embarcarlo con verdadero frenesí, así como los víveres que se pudieron adquirir; pues no hay nada que pueda dar idea de la ansiedad de aquella noche del 14 al 15, en que cualquier ruido nos parecía que era un ataque a nuestros compañeros, en cuyo auxilio nos era imposible acudir, dado que el puerto de Curazao, cerrado con un puente, queda totalmente incomunicado a la puesta del Sol.

Mientras tanto, habíamos tenido la evidencia de que allí no estaba el deseado carbonero, ni las deseadas noticias; y como si la malaventura nos persiguiera hasta en los menores incidentes, uno de estos dos días fue de fiesta y todo estaba rigurosamente cerrado, hasta el punto que ni sellos de correo pudimos comprar para nuestras cartas, que hubo que dejar confiadas al cónsul para ser despachadas al día siguiente.

En la tarde del 15, y con los últimos claros del día, dejando en medio del puerto lanchas con carbón y vituallas, salieron los dos cruceros para unirse a los otros buques, ya muy entrada la noche, a causa de haberse caído al agua un hombre del *Plutón*, que afortunadamente pudo recogerse.

Formada de nuevo la línea de fila con todas las precauciones de tan grave situación y a un andar económico, en razón del *Oquendo* y *Colón*, que estaban escasos de combustible, y graduando las distancias para caer sobre Santiago de Cuba en los primeros claros del día, hizo la escuadra rumbo a aquel puerto, que el almirante manifestó por señales era el de nuestro destino; y dicho se está que todos los buques iban completamente listos para romper el fuego.

En la noche del 18 al 19, y en *freu* de Jamaica, cruzamos con dos transatlánticos, que nos dejaron en duda de si eran o no cruceros auxiliares; pero desde luego pasó a la vista uno de esta clase que hizo señales del alfabeto Morse y encendió un proyector, pero que no nos apercibió, por navegar la escuadra sin más luces que un pequeño farol a popa entre pantallas, y de una luz tan débil, que solo podía apercibirse a la distancia de tres cables que navegábamos un buque de otro.

A estos cruceros, o vapores del comercio, no se les hizo el menor caso, pues como su presencia parecía indicar que había enemigos sobre Santiago de Cuba, era preciso que antes de aclarar estuviéramos sobre el puerto, ya para batirnos sobre la boca, ya para forzar la entrada antes de ser derrotados, si las fuerzas eran muy superiores, cosa de la que el almirante no tenía ni idea ni la menor noticia de las que pudieran ser, si las había.

Amaneció el día 19, y con él la escuadra sobre la boca de Santiago, sin haber visto un buque enemigo; por lo que los destructores hicieron un pequeño reconocimiento en la costa, mientras los buques grandes tomaban el puerto, en el que quedaron fondeados con toda seguridad a las ocho de la mañana de aquel día; entrada tanto más afortunada, cuanto que el *Oquendo* y el *Colón*, que no habían entrado en Curazao, tenían muy poco carbón, especialmente el primero, que apenas contaba con 100 toneladas.

En este intermedio se habían cruzado entre el Gobierno y las autoridades de las Antillas algunos telegramas y órdenes, que no nos es lícito comentar, pero que no dudamos lo serán en su día.

Desde luego es positivo que el 12 de mayo el Gobierno ordenó el regreso de la escuadra a la Península, sin duda modificada la opinión, tanto por el desastre de Manila, cuanto por las comunicaciones de Cabo Verde, que suponemos llegadas el 5 a Madrid, así como por el bombardeo de Puerto Rico, verificado el mismo 12, que venía a demostrar lo erróneo de la defensa de la Isla.

A este telegrama hicieron vehementes observaciones los gobernadores de Cuba y Puerto Rico, cuyos telegramas, que tomamos de la colección de documentos de la escuadra de operaciones del Atlántico, dicen así:

El gobernador general de Cuba al ministro de Ultramar.

Habana 17 de mayo de 1898.

(Descifre V. E. por sí mismo.) Interrogado por mí general Marina si había recibido noticias sobre situación nuestra escuadra, me dice recibido de Puerto Rico telegrama cifrado y reservado manifestando se dirige telegrama a Fort-de-France diciendo al general de nuestra escuadra se amplían sus instrucciones para que si no puede operar aquí con éxito, pueda regresar Península; y como de acontecer esto, la situación aquí sería de todo punto insostenible y no me sería posible evitar una revolución sangrienta en esta capital y en toda la Isla, donde están ya los ánimos extraordinariamente excitados con la tardanza de la escuadra nuestra, ruego a V. E. me diga si es cierta la citada orden de retirada a la Península, y, caso de serlo, medite el Gobierno la gravísima trascendencia de ese acuerdo, que podría ser causa de una página de sangre y de baldón, derrumbándose nuestra historia, y de la pérdida definitiva de esta Isla y de la honra de España. Si nuestra escuadra es batida, aumentaría aquí la decisión para vencer o morir; pero si huye, el pánico y la revolución son seguros.

Otro:

El gobernador general de Puerto Rico al ministro de Ultramar.
Puerto Rico 18 de mayo de 1898.
Orden vuelta escuadra a Península hará caer por tierra entusiasmo Isla y su espíritu levantado después primer combate. Dirán habitantes España les abandona, y situación puede ser gravísima.
Cumplo deber sagrado manifestándoselo.

¡Temores de revolución que la experiencia ha demostrado que no tenían fundamento en ningún caso, y que han sido los causantes principales de tantas desventuras!

Pero lo más aflictivo de lo expuesto en esos telegramas es la creencia de que la destrucción de la escuadra aumentaría la resistencia; teoría que muchos años antes ya habíamos visto sostenida en la Junta general de defensa de Filipinas, sin que entonces pudiéramos llegar a convencer a los que sostenían tal cosa que el día en que el enemigo destruyera la escuadra estaban perdidas las Filipinas sin remedio, como al ser destruida nuestra escuadra estaban perdidas Cuba, Puerto Rico, Filipinas y la Península inclusive, para someterla a cuanto quisieran.

Se da como una novedad, y aun se hacen hoy cargos por no haber defendido la Isla teniendo en ella 200.000 hombres, cuando solo puede pensar así el público no militar, que sostiene ideas rancias de los siglos XVI y XVII; pues todos los militares que hayan seguido el estudio de las grandes campañas, y especialmente la evolución verificada desde el último cuarto del siglo pasado, y el fabuloso desarrollo de los elementos de combate de las Marinas modernas, no puede menos de reconocer axiomáticas las proféticas palabras del almirante Cervera, de que la destrucción de la escuadra pondría a España entera a los pies del enemigo, sin que pudieran evitarlo todos juntos los ejércitos de Jerjes.

Testigo de mayor excepción es el teniente general marqués de Polavieja, gobernador y capitán general que ha sido varias veces de la isla de Cuba, y cuya alta y bien ganada reputación, tanto en el campo de batalla como en el de la ciencia militar, y sobre todo en la aplicación de sus principios, que es donde se prueban éstos; en su libro *Mi política en Cuba*, libro admirable sobre toda ponderación, y al que la historia de España será grata el día en que pueda escribirse sobre lo pasado, dice así al ministro de Ultramar, hablando de los americanos (pág. 139):

> Con tomar y guarnecer La Habana y la bahía de Nipe en la costa Norte, y al Sur la isla de Pinos y la bahía de Guantánamo, lo que les sería sumamente fácil, y con una escuadra que cruzara el canal de Bahamas, apoyada en los dos primeros puertos, y otra en el mar Caribe, apoyada en los dos segundos, sería tan verdadero y duro el bloqueo que impondrían a Cuba, que ésta tendría forzosamente que entregarse sin disparar un tiro en sus montañas y maniguas.

¡Sin disparar un tiro!

Sustitúyanse La Habana y Nipe por las Tortugas y Cayo Hueso, mucho mejor colocados; déjese a Guantánamo, que fue su base de operaciones, y la isla de Pinos, sobre que se apoyó la escuadra americana, y cae de su pedestal todo asombro, como no sea el de que haya un solo militar u hombre político que lo desconozca; iy cuando esto lleva la fecha de 30 de diciembre de 1890, en cuya fecha la escuadra americana no era la décima parte de lo que fue en 1898, terminadas todas sus construcciones!

Insistimos en todo esto por cuanto antipatrióticos servilismos tratan de desfigurar la historia, que si es lección de los pueblos, bien está que la aprendamos mejor, pues aún nos puede hacer falta.

Pero volvamos a nuestra llegada a Santiago y a los telegramas cruzados entre el Gobierno y sus altos delegados en las Antillas, de cuyas comunicaciones el almirante Cervera ni sabía nada ni podía saberlo, puesto que aquellos días estaba entre la Martinica y Curazao; pero pudo adivinarlo por un telegrama del Gobierno de 19 de mayo, que decía así (Colección de documentos, etc.):

El ministro de Marina al comandante del *Terror* (Martinica) y al de Marina de Santiago de Cuba. Si tuviesen medios de comunicar con almirante nuestra escuadra, manifiéstenle que Gobierno anula telegrama sobre vuelta a España.

Este telegrama llegó casi ininteligible, cambiados los signos de la clave; pero pudo entenderse lo suficiente para ver de lo que se trataba, y que había otro cablegrama anterior, no recibido, ordenando el regreso de la escuadra a la Península.

Era tarde; aunque hubiéramos recibido la orden, nos faltaban los indispensables carboneros, sin lo que en tiempo de guerra es insensato lanzar una escuadra a la mar, como lo sería hacer salir a campaña un cuerpo de ejército sin más víveres ni cartuchos que los que llevaran las tropas en sus mochilas.

La escuadra estaba en Santiago; había llegado milagrosamente ilesa, iy no cabía ya otra cosa que sufrir las consecuencias de la salida de Cabo Verde!

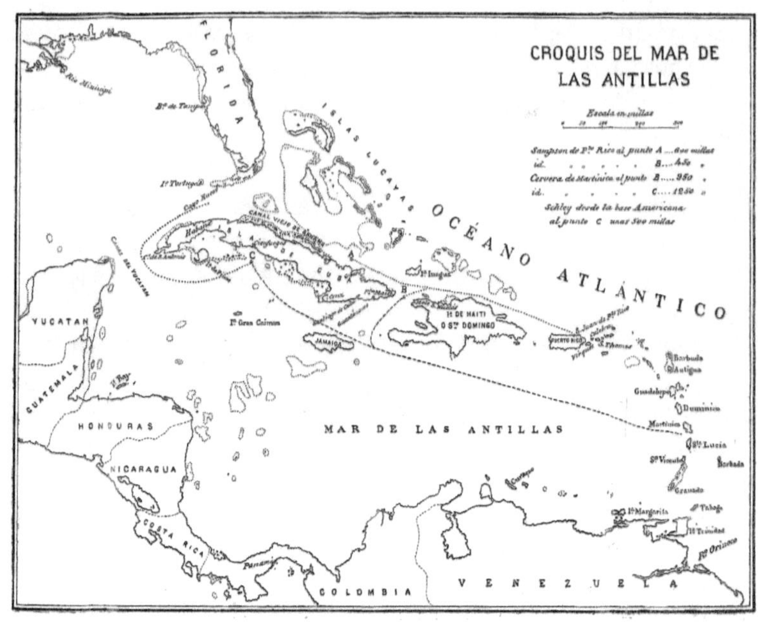

CROQUIS DEL MAR DE LAS ANTILLAS
Escala en millas
Sampson de Pto Rico al punto A ....600 millas
id. . . . . . B....450 .
Cervera de Martinica al punto B....950 .
id. . . . . . C....1250 .
Schley desde la base Americana
al punto C unas 500 millas
FLORIDA
Río Mississipi
Bª de Tampa
Iª Tortugas
ISLAS LUCAYAS
CANAL VIEJO DE BAHAMA
Cayo Hueso
Habana
Matanzas
Cárdenas
CUBA
Cienfuegos
Pº Inagua
OCÉANO ATLÁNTICO
Canal de Yucatán
YUCATAN
Iª Gran Caimán
JAMAICA
Iª DE HAITI
O Sto DOMINGO
Juan de Pto Rico
Culebra
PUERTO RICO
St. Thomas
Virgin
Barbuda
Antigua
Guadalupe
Dominica
Martinica
Sta Lucia
Sº Vicente
Barbada
GUATEMALA
HONDURAS
NICARAGUA
COSTA RICA
Panamá
MAR DE LAS ANTILLAS
Granado
Iª Margarita
Tabago
Iª Trinidad
Rº Orinoco
COLOMBIA
VENEZUELA

Capítulo VII. Situación militar y política de Santiago de Cuba

Brindis del arzobispo. El hambre. Estado del Ejército. Defensas de la boca de la bahía. El carbón y las máquinas. Unión fraternal del Ejército y de la Marina. Los generales Linares y Cerrera. Juntas de guerra a bordo del *Teresa*. Estudio de operaciones posibles. El bloqueo. Junta de guerra del 26 de mayo. Opiniones de salida por creer era deseo del Gobierno la más pronta destrucción de la escuadra para llegar a la paz. Ataques a Santiago. El *Merrimac*. Salida de noche. Situación después del desembarco de Shafter. Bloqueo de noche. Desembarcan 1.000 marineros de nuestra escuadra. Herida mortal del valiente capitán de navío Bustamante, jefe de Estado Mayor de la escuadra. Telegramas y consideraciones sobre ellos. Apremio para la salida de la escuadra. «Salga V. E. inmediatamente.» La política y la salida de Cabo Verde

Nada puede haber comparable con el desastroso estado de Santiago el día de nuestra llegada; y entre lo más desastroso debía contarse la estupenda ignorancia de los españoles allí residentes, que no se daban cuenta, ni en poco ni en mucho, de cuál era la verdadera situación.

Sin que pretendamos escribir el sitio de Santiago, más que en lo estrictamente relativo a la situación de la escuadra, daremos algunos antecedentes para los que no conozcan aquella localidad.

Santiago de Cuba, a pesar de ser la segunda capital de la isla, no tenía más comunicación que la precisa a su zona de cultivo, y de allí, una vereda que conducía hasta Manzanillo, otra a Holguín y otra al vecino puerto de Guantánamo; veredas facilísimas de interceptar dejando caer en medio de ellas árboles corpulentos y flanqueándolas desde la manigua impenetrable, a punto de ser una empresa seria la conducción de cualquier fuerza por esos caminos.

Por otra parte, el frontón Sur de la isla es un bosque virgen e impenetrable, cuya comunicación había sido siempre por mar.

Sitiada de hecho la ciudad por los insurrectos, se podían obtener algunas verduras y legumbres para el mantenimiento de la misma, gracias a tener ocupado militarmente el campo y defendidos los destacamentos en pequeños *blockhaus*; pero aquélla, que, como todas las de Cuba, era en la importación donde tenía la base de su subsistencia, sentía los efectos de la estrechez, y las clases pobres la del hambre, un mes antes de que se hubiera visto un buque enemigo frente a la boca del puerto.

Los almacenes, en su totalidad de españoles, habían cesado de hacer pedidos, pues se sentía la patria desaparecer, y nadie quería comprometer intereses cuya suerte era muy problemática, ni exponerse a embargos, que no se sabía quién los pagaría en último término. El mismo Banco Español tenía solo en caja 4.000 pesos en plata para cubrir las apariencias, siendo esta ridícula cantidad la mejor pintura que podríamos hacer de la diferencia que había entre lo que cada uno pensaba y la mentira que salía de los labios.

A pesar de eso, no se oían más que insensateces; y como esto pudiera parecer exagerado, y en prueba de que llegaba a todas las esferas, relataremos que en un banquete dado en honor de la escuadra, mientras los jefes de mar y tierra hablaban del deber y vuelta con el deber, lo que debiera haber abierto los ojos hasta a los más ciegos, el propio señor arzobispo brindaba por nuestro asalto al capitolio de Washington; brindis recibido con febril entusiasmo por unos y con profunda pena por los que sabíamos que ya la suerte estaba echada y que estábamos irremisiblemente perdidos. Pero eso no quita que los mismos españoles fueran aprovechando la ocasión, como lo demuestra el que en la segunda quincena de junio, para obsequiar al almirante Cervera, que hacía dos semanas que no comía pan, comprara yo a un español un barrilito con dos arrobas de harina, por el que tuve que pagar 42 pesos en buena moneda de oro. Y aunque nada tiene eso de particular, y en todas partes sucede lo mismo, lo que es insostenible es que, después de guardarse las monedas y estrechar rudamente la mano, se pretenda todavía tocar la trompeta del patriotismo.

De propósito hemos dejado para lo último las consideraciones sobre la parte militar, en la que no se hacía ninguna ilusión el general en jefe, teniente general del Ejército, don Arsenio Linares.

Las tropas del Ejército que había en Santiago estaban completamente extenuadas por tres años de guerra en aquel clima horroroso, con una escasez de pagas que llegaba a trece meses, y una alimentación imposible, consecuencia de esa falta de pagas: eran más bien espectros que soldados, y solamente las virtudes del pueblo español podía conservarlos en su puesto. Y no caemos en la vulgaridad de llamar pueblo solamente al soldado raso, pues a un oficial de infantería que llamó un día el almirante Cervera a su modestísima mesa, no le fue posible comer: tal era el estado a que había llevado la estrechez a aquellos honrados defensores de España; estado que alcanzaba, del general abajo, a todos los militares, pues los españoles en general, y los contratistas en particular, vivían de muy distinto modo.

Respecto a defensas, las de la ciudad consistían en una numerosa artillería de bronce de los primeros modelos que vinieron de Francia después de la guerra de Italia, y cuya misión no podía ser otra cosa que hacer matar inútilmente algunos artilleros a su costado, por eso tan mal entendido y peor apreciado que, para salir del paso, llaman honor militar los pobres de espíritu.

Dice sobre esto el telegrama oficial al Gobierno dándole cuenta de las defensas con que contaba Santiago, fecha 28 de mayo de 1898: «En Santiago de Cuba hay una batería de montaña Krupp, diez piezas de posición y cuarenta y siete de plaza, y correspondientes tropas auxiliares.» (Colección de documentos, etc.)

Lo que no comentamos, exponiendo únicamente nuestra opinión técnica de que, salvo los pequeños Krupp, que creemos no llegaron a combatir en el sitio en que estaban emplazados, y donde hacían mucha falta, las demás piezas, anticuadas y antiquísimas, no habían de poner un proyectil, como no pusieron, ni por mar ni por tierra, a poco más de la mitad de la distancia en que combatía la artillería enemiga; siendo muy discutible si el Gobierno podía llamarse mal informado, pues de sobra sabía lo que eran esas cincuenta siete piezas.

A la boca del puerto, que era lo más interesante, acababan de montarse cinco cañones de 16 centímetros, de bronce, que llevaban la marca de fundición de ¡1724! Sin duda por el bien parecer esas piezas eran rayadas, pues dada la altura de la loma en que estaban colocadas, era evidente que el enemigo había de colocarse siempre fuera de tiro de ellas.

La Marina, sacando los del crucero *Reina Mercedes*, había dado cuatro cañones González-Hontoria, modelo 1883, de los cuales los ingenieros del Ejército encargados de su montura instalaban dos en la Socapa y dos en Punta Gorda, para defender el canal, y de los cuales a nuestra llegada, casi un mes después de declarada la guerra, no había más que uno acabándose de montar; agregando, para terminar, que en la fortaleza del Morro había unos morteros que, como aquélla estaba ruinosa, no se podían disparar y estaban totalmente abandonados.

No hacían falta ciertamente estas circunstancias para que el almirante tratara de abandonar el puerto cuanto antes; pero el *Oquendo* y el *Vizcaya* acababan de hacer un viaje redondo a través del Atlántico, después de muchos días de máquinas encendidas, y necesitaban forzosamente apagar; las de los demás buques llevaban también trabajando desde el 29 de marzo, y les era conveniente una limpieza general, sobre todo el relevo del agua de las calderas, si tenían que hacer un esfuerzo; agua que no se había podido cambiar a consecuencia natural de movimientos, alarmas y órdenes venidas de Madrid sin la intervención indispensable del almirante; pues llevábamos seis meses de estar siempre listos, sin poder hacer operación de máquina de más de veinticuatro horas, y en constante encender y apagar; circunstancias tan notorias para todo oficial de Marina, que comentamos solo para aquellos que equivocadamente creen que las máquinas son como las antiguas velas, siempre dispuestas a dar su mayor esfuerzo; sin saber que en los transatlánticos sufren una verdadera carena cada quince días, pues hay que mimarlas con un cuidado increíble.

Se apagaron, pues, las máquinas y se trató de relevar el agua de las calderas: ¡600 toneladas de agua próximamente, sin contar los repuestos! Faena imposible por falta de elementos, pues no había otros que nuestros botes, por lo que no se pudo llevar a cabo más que en parte. Los aljibes del puerto conducían, el que más, ¡seis toneladas!, y para eso eran tres o cuatro y solo hacían dos viajes al día.

Quedaba repostar de carbón a los seis buques, faena que se emprendió con frenesí. El carbón que existía era del Estado y estaba en un cayo que pertenecía a la estación naval, cayo al que con dificultad atracaban los lanchones, y donde con todos nuestros elementos, con todos los que pudimos alquilar y embargar a peso de oro y toda la decidida ayuda del Ejército, no pudimos embarcar más de 150 toneladas de carbón diarias; cantidad insignificante para seis buques, que aun antes de que volvieran a encenderse las máquinas, que fue casi enseguida, consumían de cuatro a cinco toneladas al día, solo en alumbrado, chigres, cocinas y botes de vapor. Todo faltaba para un rápido embarco de carbón: lanchones, remolcadores y hasta espuertas, teniéndonos que valer de sacos que habíamos comprado en Cabo Verde para surtir a los destructores; pero insuficientes para servir a los buques mayores, necesitados de grandes elementos.

En esas faenas, como en cuanto ocurrió en Santiago, iban del más admirable acuerdo la Marina y el Ejército en una lucha de armonía y desinterés, modelo del más patriótico ejemplo. Empezando por los dos jefes, el teniente general Linares y el almirante Cervera, en constante comunicación, y disputándose el modo de auxiliarse mutuamente; la artillería del crucero *Mercedes* desembarcada, y a pesar de ser la única que mereciera el nombre de tal, fue puesta, con sus oficiales, a las órdenes de oficiales de artillería del Ejército; más tarde las compañías de desembarco agregadas a la defensa de la plaza, y siempre en primera línea, por ser la única gente nutrida y salva hasta entonces de los rigores del clima; jamás regateamos nuestros servicios, así como el general jefe de aquel territorio don Arsenio Linares movilizó sus fuerzas para darnos agua y carbón de Daiquiri, y cuanto podía de los escasísimos recursos con que contaba.

Mientras esas faenas seguían adelante, llamó el almirante a Consejo ante la evidencia de que seríamos bloqueados; de que la plaza se defendería difícilmente de un ataque serio por tierra, y de que la escuadra no podía esperar allí la época de los huracanes, pues antes de esto el hambre obligaría a capitular a la ciudad, como ésta no fuera socorrida enérgicamente desde La Habana. La presencia de la escuadra llevaría la guerra a Santiago de Cuba, como la hubiera llevado a Puerto Rico o adonde fuera, y ni la plaza ni el puerto estaban en disposición de sostenerla. Respecto a Cienfuegos, en cuyo puerto la opinión se ha fijado mucho después, repetimos lo dicho; esto es: que era una ratonera, y que por mar se hubiera destruido con la mayor facilidad la defensa de la línea de torpedos, por lo que la escuadra americana hubiera forzado el puerto sin que desde tierra se hubiera podido impedir. Además, delante de Cienfuegos estaba Schley con el *Brooklyn, Texas, Massachusetts* y *Iowa*, y dicho se está que era imposible de tomar aquel puerto ni el canal de Yucatán, pues fuerzas tan importantes no podían ser solo para el bloqueo de Cienfuegos. Sobre La Habana estaba Sampson con el resto de las fuerzas;[13] por consiguiente, no quedaba más solución que quedarse allí o ir a Puerto Rico. ¿Y a Puerto Rico para qué?

Para quedarse en el puerto no podía ser, pues hubiera sido el desastre más inmediato. Así, pues, el objeto de la ida a Puerto Rico no podía ser otro que hacer rápidamente carbón y salir a la mar antes de la llegada del enemigo, para intentar la aventura de meterse en La Habana o el regreso a Europa.

Estas consideraciones que hacemos una vez para todas, servirán más que ninguna para plantear exactamente las circunstancias de aquellos momentos.

Bajo la presión del negro porvenir de Santiago, los buques trabajaban frenéticamente en hacer carbón, cuando el 25 de mayo se presentaron algunos buques rápidos enemigos a la boca del puerto, que supusimos eran descubridores de la escuadra Schley, que había salido de Cienfuegos, al parecer, por el mal tiempo reinante, única vez que lo tuvimos desde nuestra llegada.

Aquel día apresaron delante del Morro el vapor inglés *Restormel*, que venía de Curazao con carbón, sin que se pudiera impedir; pues aunque hubiera salido el *Colón*, único buque que podía encender rápidamente por sus calderas Niclausse, habrían echado a pique el carbonero y no se hubiera obtenido más que el gasto del carbón que tanta falta nos hacía.

Por la mañana del 26 se presentó la escuadra de Schley delante de Santiago, y por la noche se apartó al Sudoeste para abrigarse del temporal reinante a sotavento de la isla de Jamaica.

Aquel día tenía el *Infanta María Teresa* 300 toneladas de carbón en carboneras, 500 cada uno el *Oquendo* y *Vizcaya*, y 700 el *Colón*; las calderas estaban todas encendidas y listos los buques para salir; por lo que, comprendiendo el almirante Cervera que al día siguiente empezaría el bloqueo, que ya de hecho se había iniciado el día anterior, reunió Junta de sus capitanes para ver lo que convenía hacer.

La situación era la que hemos dicho, debiendo suponer que la escuadra enemiga vigilaba estrechamente el paso de Cabo Cruz: Sampson bajaba por

---

13   Cuando se escriba la historia habrá que tener presente que en esa época no se sabía a punto fijo qué escuadra era la de Schley y cuál la de Sampson, confundiéndose muchas veces en los partes oficiales una con otra; por lo que vale más tomar el nombre de los buques en un principio. (N. del A.)

el Canal Viejo con el *New York* y el *Oregón*, o el *Indiana*, noticias del gobernador general, y La Habana estaba suficientemente bloqueada si habíamos de embestirla con buques semidesmantelados. No quedaba, pues, más que ir a Puerto Rico. ¿A qué? A hacer carbón. ¿Y se podía en Puerto Rico hacer carbón en veinticuatro o treinta y seis horas, que era lo más que podíamos suponer que tardaría en llegar el enemigo, y en ese intervalo rellenar hasta 1.000 toneladas cada uno de nuestros cruceros? Antes de contestar, y refiriéndonos a algunos escritos americanos que hablan de carboneros en Puerto Rico, debemos decir que a la escuadra le habían sido ya ofrecidos oficialmente los siguientes vapores de la Compañía Transatlántica: primero, en Cabo Verde, el vapor *Cádiz*, que es un vapor de pasaje y cuyas bodegas estaban abarrotadas con efectos de los torpederos; después, en la Martinica, el vapor *Alicante*, que era un buque hospital completamente instalado, y cuyas bodegas y sollados estaban habilitados para ese uso, y, finalmente, el *Alfonso XIII*, en Puerto Rico, el más lujoso vapor de la Compañía Transatlántica, dispuesto para pasaje de primera clase, y cuyas bodegas, según voz pública, apenas tienen capacidad para poco más de 1.000 toneladas de carga: por consiguiente, ni esos buques son carboneros, ni podían servir a la escuadra más que de estorbo.

Aclarado este extremo, era para todos indiscutible que allí no podía hacerse el carbón en el tiempo que las circunstancias exigían. Complicaba el problema que en la boca había bastante marejada, y que el *Colón*, cuyo calado de popa era excesivo, tocaría seguramente a la salida.

Las opiniones se dividieron: opinaban unos por la salida a todo evento, dirigirnos a Puerto Rico, y si allí perecíamos, ésa había sido la voluntad del Gobierno, y si podíamos salir a la mar el todo o parte de la escuadra, eso se salvaría; opinaban otros que siendo muy posible, y aun probable, que el *Colón* se perdiera a la boca del puerto, por lo que había de ser el último que intentara la salida, la escuadra quedaba de hecho reducida a la nada: la opinión pública y oficial, que tan extraviada juzgábamos, y lo estaba efectivamente en España, no había de encontrar justificada la pérdida del *Colón*, y como seguramente tampoco habíamos de poder salir de Puerto Rico, era mejor permanecer en Santiago, y allí hacer frente a los sucesos. Dos de los votos que habían opinado por la salida manifestaron que en su honor y conciencia tenían el convencimiento de que el Gobierno de Madrid tenía el determinado propósito de que la escuadra fuese destruida lo antes posible, para hallar un medio de llegar rápidamente a la paz, y que, por consiguiente, convenía salir, no porque fuese lógico, sino porque recibiríamos la orden militar y terminante de hacerlo aun en peores condiciones.

Ante esos terribles dilemas, el almirante mandó sondar la boca del puerto, y habiendo hallado que solo había 25 centímetros libres bajo la quilla del *Colón* para pasar sobre las rocas de la barra, como la marejada suponía averías graves, sino la pérdida total al salir, a pesar de haber sido yo uno de los que votó por la salida, por creer que el Gobierno lo que deseaba era nuestra pérdida, creo que el general Cervera resolvió muy cuerdamente mandando apagar los hornos de ocho calderas en cada buque y continuar en Santiago en espera de cualquier circunstancia que la fortuna nos deparase; la que no se presentó, como no se presenta nunca cuando la desproporción de fuerzas es tan grande y de antemano se han arrojado por la ventana todos los principios fundamentales de la estrategia naval.

Al amanecer del 26 de mayo apareció el crucero *Minneapolis* a la boca del puerto, y a las once de la mañana el bloqueo quedaba establecido; pues las maniobras que hasta el 29 hizo la escuadra enemiga no tienen para nosotros plausible explicación.

Ninguna luz daría que relatáramos las idas y venidas de los buques enemigos, ni sus naturales relevos; pero sí su buena fortuna, pues las mares, en general tan agitadas al sur de Cuba, fueron en esta ocasión de tal bonanza, que los acorazados hacían carbón teniendo algunas veces un vapor a cada costado, como no puede hacerse ni en la mayoría de los puertos. Por lo demás, la comunicación con Jamaica, verdadera base de operaciones, era tan manifiesta y descarada, que si alguna duda hubiera habido de la complicidad de Inglaterra, bastaba subir al Morro para convencerse de lo contrario.

Siguieron al bloqueo una serie de bombardeos a la boca del puerto, que es sensible no hayan sido descritos por extranjeros imparciales, pues difícilmente podrá creerse que un solo cañón de 16 centímetros fuese toda la artillería que combatió la poderosísima escuadra americana. En el ataque de la escuadra del día 6 de junio a las llamadas fortificaciones de la boca, teníamos por nuestra parte cinco cañones rayados de bronce de 16 centímetros, que, como hemos dicho, llevaban la marca de fundición de 1724, y cuyo alcance máximo era de 3.000 metros, a que nunca se puso el enemigo. No estaban aún montados varios obuses de 21 centímetros, de hierro, alcance máximo 4.000 metros, que la mayoría no llegaron a tirar, y los que tiraron no alcanzaban tampoco al enemigo, que, por precaución o por la altura de nuestras baterías, se ponía siempre a más de 7.000 metros. No estaba todavía montado el segundo cañón de 16 centímetros del crucero *Reina Mercedes*, quedando solo uno de éstos, que fue el que contestó, sin ser apagado por el tremendo fuego de toda la escuadra durante poco más de cuatro horas, y que, según los periódicos de New York, importó un gasto de dos millones de dólares, causándonos un número insignificante de bajas. Destruyeron cuatro casucos de tabla de las familias de los torreros del faro, sin desmontar un solo cañón, y es absolutamente inexacto cuantas consejas contó del Morro la prensa americana; pues la antigua fortaleza no tenía más que un mortero que no disparó nunca, y estaba en tal estado ruinosa que se mandó abandonar, menos unas cuevas en la roca viva, detrás del monte, que servían de abrigo a la tropa; no comprendiéndose cómo con tantos proyectiles como le dirigieron, y hasta uno de dinamita que una noche le lanzó el *Vesuvius*, le hicieran apenas daño tan insignificante.

Sin embargo, este despilfarro no podía menos de ser utilísimo a la escuadra bloqueadora: verdadero ejercicio de combate, sin combate propiamente tal, era un ejercicio como no ha hecho todavía nadie en el mundo. Bajo el punto de vista militar, es un modelo de prudencia sin ejemplo, cuando, de haber acortado las distancias, si bien no hubieran podido desmontar la poca y antiquísima artillería que defendía la boca, pues los parapetos hubieran tapado las piezas, en cambio podían alcanzar a los buques de la escuadra, como se veía que era el objeto; pero a tal distancia estaban los buques americanos, que ningún proyectil hubiera hecho efecto decisivo. En uno de estos bombardeos (el 31 de mayo), el almirante colocó al *Colón* acoderado en el fondo del canal de la boca del puerto; pero como aquel buque solo tenía artillería de 15 centímetros, y como, a pesar del cebo, los buques enemigos se estuvieron a tal distancia (7.000 yardas, parte oficial de Schley), en que solo podían ser útiles los tiros de la gran artillería, de que carecía nuestro único buque protegido, lo retiró adentro del puerto, puesto que era exponerlo sin objeto.

En estos días (el 3 de junio) trató de cerrarnos la salida el almirante Sampson enviando el vapor inglés *Merrimac* medio cargado de carbón, y al mando del teniente de navío Hobson, con el propósito de echarlo a pique en la curva del bajo del Diamante.

El vapor, manejado con energía, fue recibido debidamente por las baterías del Morro y la Socapa. Debió pensar Hobson que, una vez pegado a tierra, ya aquéllas no le podían tirar, pues colocadas en lo alto de las dos lomas de la entrada, el propio monte le cubría, como así sucedió; pero apenas tomó la boca del puerto, rompieron el fuego sobre el *Merrimac* todas las baterías de tiro rápido de las defensas submarinas, las de los dos *destroyers* que estaban de guardia y la batería de Punta Gorda, con lo que positivamente debieron desconcertarse los tripulantes y arrojarse, antes de lo que dicen, a una balsa que llevaban al costado; pues, de lo contrario, es inexplicable que no tuvieran ni un herido bajo aquella lluvia de hierro a tiro de pistola, y, sobre todo, que no dejaran caer el ancla o las anclas que llevaban preparadas; pues, atravesado o no, el vapor hubiera quedado donde querían, dejando el paso obstruido para buques tan grandes como eran los nuestros.

El *Merrimac* traía por la parte exterior una corona con jarras de pólvora de la artillería de 20 centímetros, dispuestas de modo que al darle fuego echaran el buque a pique instantáneamente, algunas de las cuales he abierto en compañía de nuestro malogrado compañero Bustamante; en ellas la pólvora estaba completamente mojada; se veía que era una improvisación hecha con los elementos de a bordo, y parece lo más probable que no funcionara ninguna.

El carbonero enemigo recibió dos torpedos Whitehead, uno de fondo, y un diluvio de proyectiles, y claro es que para irse a pique tardó unos minutos, los suficientes para que, con la arrancada, saliera de la estrechura y no entorpeciese el canal.

El teniente Hobson, cuyo heroico valor fue admirable en aquella ocasión y merece ser felicitado sinceramente por ello, ha escrito una relación del hecho que es una novela, sin que por eso desmerezca el mérito de su arrojo indiscutible.

En todas las juntas, y especialmente en la que se celebró el 8 de junio, se trató de la salida de noche ya como último y desesperado recurso para escapar.

La situación, bajo este punto de vista, era la siguiente: apenas anochecía, el enemigo colocaba dos acorazados frente a la boca del puerto, a unos mil metros próximamente de ella; uno de los acorazados enfocaba sus dos proyectores sobre todo el canal de entrada, donde no podía hacerse el menor movimiento sin ser apercibido, mientras que el otro, flanqueándolo y en la oscuridad, tenía apuntada toda su batería a esa infalible línea de tiro, que tenía que pasar de enfilada todo el que intentara la salida; servicio que se relevaba escrupulosamente cada dos horas, merced al gran número de buques de que disponía el enemigo.

De haber intentado la salida, el primer buque hubiera sido apercibido apenas doblase Cayo Smith, teniendo que recorrer los 900 metros de largo del difícil canal sin poder hacer fuego, para no oscurecerlo con el humo, y sufriendo el del enemigo en condiciones de que, o no hubiera llegado a salir, o de alcanzar la boca, hubiese llegado a ella completamente perdido.

De haber estado artillada la costa del puerto, esto no hubiera sucedido, pues el enemigo habría tenido que quedar a gran distancia; pero el puerto no tenía más defensa que el respeto que imponían las líneas de torpedos; pues, salvo los dos cañones Hontoria, los demás era lo mismo que si no hubiera ninguno.

Expuso el almirante Cervera, en comunicación del 11 de junio, que «le era absolutamente imposible salir a favor de la oscuridad de la noche, mientras la artillería de la costa no consiguiera alejar los buques que con sus proyectores eléctricos iluminan constante y completamente la boca del puerto»; a lo que contestó el mismo día el comandante general de Santiago de Cuba que «solo se podría hacer, si para ello bastaran, los dos cañones Hontoria de 16 centímetros»; y agregaba con mucha razón que «no convenía hacer consumo inútil de municiones, ni menos evidenciar ante nuestros enemigos lo limitado de nuestros elementos de defensa y ataque, si no ha de lograrse favorecer la salida de la escuadra»; en lo que es triste reconocer que ambos generales estaban estrictamente en lo cierto; pues ni se podía salir sin alejar al enemigo, ni se podía intentar sin que se convenciera de la nulidad de la defensa del Morro y de la Socapa, y entonces la plaza estaba perdida por la boca del puerto.

A pesar de ello, y siempre en el convencimiento de que se nos mandaría salir a todo evento, en la junta celebrada en 8 de junio, Bustamante y yo opinamos, aunque en distinta forma, por la salida, siendo mi voto que ésta se verificase cuando incidentalmente no estuvieran en el bloqueo por lo menos uno de los cruceros acorazados rápidos *Brooklyn* o *New York*, que, dado el caso que forzáramos la línea, serían los que acabarían los buques malparados del combate; pero nunca saliendo de noche, que esto era absolutamente imposible, sino al caer de la tarde, para salir con luz de día y antes de que establecieran el servicio de noche; pero después de los primeros días, que necesitó nuestra escuadra en estar lista, fue reforzada la del enemigo de un modo formidable, apretando de tal modo el cerco que, en acta del 24 de julio, reconocimos todos por unanimidad que «desde el día 8 había sido, y continuaba siendo, absolutamente imposible la salida».

Esta salida de noche, tan ligeramente discutida por tantas personas y en tantos lugares, ha partido siempre de la idea del puerto de La Habana, donde sus respetables baterías sostenían la escuadra enemiga a 10 o 12 kilómetros de la boca, y cuyo canal, recto y hondable, permite la salida a toda velocidad, ya formada la escuadra desde el primer momento, sin que haya inconveniente en romper el fuego cuando hubiese sido preciso; mientras que Santiago era como una plaza murada sin artillería, en donde los accidentes del terreno impidieran la entrada al enemigo, pero que pudiendo colocarse éste impunemente a tiro de fusil del puente levadizo, cuando se intentara la salida, podría cómoda e impunemente ir matando uno a uno a sus defensores.

Las plazas fuertes sin ejércitos ni escuadras que les den extensión y vida sirven para muy poca cosa, y los ejércitos y escuadras que tienen que lidiar contra fuerzas inmensamente superiores, si no tienen plaza fuerte en que apoyarse, tienen que sucumbir al fin, como sucumbió nuestra escuadra, mandada a través del Atlántico sabiendo que en el otro lado no había las bases de operaciones necesarias a un territorio de tanta extensión; no debiendo buscarse explicaciones ni en la noche ni en el día, sino en el absurdo militar de la salida de Cabo Verde.

Dice el almirante Sampson que no se explica cómo no se hacía fuego a sus proyectores, cuya explicación, sin embargo, estaba bien clara en la nula resistencia que se le había hecho en los bombardeos con que, a estilo del de Estrasburgo, había honrado las desiertas lomas de la boca del puerto, y en donde, como hemos dicho, solo había dos cañones modernos del calibre de 16 centímetros, con solo cien tiros por pieza desde que empezó la guerra, y cuando todo combate era ocasión de demostrar la falta de fuerzas, y aun de agotar el escaso repuesto de municiones; y, en cambio, por nuestra parte, lo que no nos explicábamos era cómo ya la escuadra no había reducido a perpetuo silencio nuestras arcaicas baterías y atacado más en serio la boca del puerto.

Así se explica cómo el crucero dinamitero *Vesuvius* pudo disparar muchos de sus originales proyectiles, que todo el daño que hicieron fue matar a un pobre artillero que dormía al aire libre, sobre el que cayó uno de ellos; pero cuyo tiro, a cortísima distancia, hubiera sido imposible a haber tenido un mal proyector eléctrico en la boca y algunos cañones más para tener a distancia al enemigo.

Al desembarco del ejército siguió un bloqueo rigurosísimo, como era de suponer, sin que el tiempo nos ofreciera la menor esperanza de obligar a la escuadra enemiga a desamparar su sitio. Por la parte de tierra la situación se había agravado muchísimo, pues a pesar de que los americanos no quieran reconocer el auxilio que recibieron de los insurrectos, éste fue tan decisivo, que sin ellos seguramente no hubieran conseguido su objeto en tan poco tiempo.

En efecto; el mismo día del desembarco quedó Santiago privado de todo el recurso que recibía de su zona de cultivo, recrudeciéndose el hambre; quedaron cortadas todas las comunicaciones; bosques, avenidas, alturas, todo cubierto por los cubanos, y hasta insegura la costa occidental del mismo puerto, librando al ejército americano de ese penoso servicio.

Se veía el desenlace por el hambre, que diezmaba nuestros escuálidos soldados; hambre que los habitantes de la ciudad no estaban dispuestos a sufrir, lo mismo cubanos que la mayoría de los peninsulares: se acercaba, pues, el momento decisivo, y no cabía más dilema que salir a morir en la boca sin provecho alguno, o volar los buques a última hora, desembarcando la artillería de tiro rápido y nuestras enteras dotaciones para defender la plaza.

El ejército americano iba avanzando, notándose por nuestra parte la falta de artillería moderna, pues dos cañones Krupp, de 9 centímetros, y dos obuses Mata, de 15 centímetros, única artillería de esta clase de que disponía la plaza, estaban en la boca del puerto, y aunque se esperaba la brigada Escario, que venía de Manzanillo y que llegó al día siguiente de nuestra salida, sin embargo, el gran auxilio que pudo haberse dado a la plaza hubiese sido el desembarco de la artillería de tiro rápido; lo que no podía hacerse, pues siempre dominaba en La Habana y Madrid la idea de la salida de la escuadra.

Para auxiliar a la plaza desembarcaron hasta 1.000 hombres de la escuadra, al mando del jefe de Estado Mayor de la misma, capitán de navío don Joaquín de Bustamante, de los que unos 400 pelearon en la batalla del día 1.º de julio, en que, tomado el Caney por los enemigos, también por no tener nosotros artillería; muerto el valiente defensor de aquel sitio general Vara de Rey, y sostenida la acción en condiciones tan angustiosas que el general Linares tuvo que sacar los convalecientes del hospital para mandarlos a las trincheras; herido gravemente aquel general, y casi todos los jefes y oficiales del Ejército que tuvieron que empuñar por sí mismos un fusil, la mitad de la columna de Marina, con su valiente jefe al frente, fue la que rechazó el ataque, demostrando una vez más que para la guerra hacen falta hombres sanos y bien nutridos, como lo eran nuestros fornidos marineros, que, aún no consumidos por el clima, estaban en condiciones de sostener la pelea.

Allí quedó mortalmente herido, para no levantarse más, el sabio y valiente capitán de navío don Joaquín de Bustamante, eminente electricista, inventor de los torpedos de su nombre, y cuyos escritos harán que su apellido figure entre los más ilustres de la Corporación.

Por la noche de aquel día la situación de la plaza era desesperada, sobre todo si retirábamos nuestros marineros, según telegrafió el general en jefe al general don José Toral, en quien recayó el mando; pero la obsesión de nuestra salida dominaba a todo en La Habana y Madrid, la que, sin embargo, no era de tanta urgencia, pues la capitulación aún tardó quince días. La brigada Escario llegó al siguiente; y como el clima no podía dejar de hacer su efecto en el campamento enemigo, cada día que se ganaba era una victoria para nosotros. Por otra parte, nosotros mirábamos con ansiedad las alturas en que estaban las defensas de la boca del puerto, contra las que no se dirigía el general Shafter, más ganoso de su interés que del de su patria seguramente; pues si lo hubiese hecho, siguiendo los naturales y sanos consejos del almirante de su escuadra, según aparece de lo que ellos mismos han publicado después, ni hubiera perdido tanta gente, ni el éxito de su expedición hubiera sido tan dudoso, a pesar del estado espantoso en que se encontraban lo mismo nuestras tropas que las defensas de la ciudad.

Hubo en este intermedio una verdadera correspondencia telegráfica entre los generales Cervera, Linares, Blanco y el Gobierno; la que esperamos ver publicada íntegra, pues lo publicado es solo una parte de ella; por lo que solo daremos breve cuenta de lo que sea posible para que el relato no resulte incompleto.

En 20 de mayo el general Blanco, que pidió la venida de la escuadra, pide refuerzos a la misma, cuando había de serle notorio que no los había, y manifiesta que va a quedar bloqueada; lo que también se sabía antes de salir de España.

Multitud de telegramas de España y de La Habana manifiestan la ansiedad de una situación que aparece como novedad, cuando es lo que se había previsto y dicho por el almirante Cervera.

El *New York Journal* publica en letras muy grandes el siguiente telegrama:

Madrid 3 de junio de 1898.
Al capitán general Blanco.
Habana.
La situación muy seria de Filipinas nos obliga a mandar buques y refuerzos tan pronto como sea posible. Con objeto de poder contender con la escuadra enemiga en Manila, será indispensable mandar allí una escuadra que no sea inferior. Ahora hay aquí solo dos buques de guerra, y uno de ellos creo que no puede pasar el canal. La única cosa que podemos hacer es enviar todos los barcos de la escuadra de Cervera que puedan salir de Santiago; pero antes de adoptar una resolución en este sentido, el Gobierno desea conocer su opinión con respecto al efecto que podría producir en el pueblo

de Cuba la retirada de la escuadra de Cervera. Este movimiento sería tan solo temporal, y una vez conseguido el objeto en Filipinas, la escuadra volvería a Cuba sin pérdida de tiempo y fuertemente reforzada.

Correa. (Ministro de la Guerra.)

El 3 de junio manifiesta de nuevo el general Blanco la posibilidad de una revolución, la de que el Ejército no obedezca y que la salvación de España y de la dinastía están en Cuba.

Telegramas que, como el anterior, nos está vedado comentar.

El 21 de junio pide el general Blanco autoridad sobre la escuadra de Cervera. Sobre esto debemos manifestar lo injusto de que aparezca esta petición, pues la escuadra estaba, no solo de hecho a las órdenes del general en jefe, sino del mismo general Linares, comandante general de Santiago de Cuba.

Como dijimos, todos los telegramas necesita comentarlos y conocerlos íntegros la Historia, y solo nos ocuparemos de los tres últimos. El 1.º de julio recibió el almirante un telegrama, en que se decía entre otras cosas:

Y de acuerdo con la opinión del Gobierno, deberá usted reembarcar aquellas de sus tripulaciones que fueron desembarcadas; debiendo aprovechar lo más pronto posible una oportunidad de salir del puerto con todos sus barcos.

Reunida Junta aquel día, y mientras en tierra rugía el combate, de común acuerdo se telegrafió al general Blanco manifestando que si se reembarcaba la marinería, la plaza estaba perdida. A lo que el día 2 se recibió la contestación, concebida en los siguientes categóricos términos:

General en jefe al almirante Cervera. Habana 2 julio 1898 (5.10 m.). En vista estado grave y apurado de esa plaza que me participa general Toral, embarque V. E. con mayor premura tropas desembarcadas de la escuadra y salga con ésta inmediatamente. (Colección de documentos, etc.)

En los diarios de España, a este telegrama se ha unido el siguiente:

Al capitán general Blanco. Habana. Las instrucciones dadas por V. E. a Cervera son aprobadas. Correa.

Parte de esos telegramas fueron traducidos del español al inglés, y de este idioma otra vez al español para nuestros periódicos; de modo que con los originales hay pequeñas diferencias, pero sin valor ninguno, ni en la forma ni en el fondo. Y publicando nosotros, en todo caso, los dados al público, nos mantenemos dentro de lo lícito.

Había llegado la hora prevista en Cabo Verde, cuya salida de allí para Cuba fue el origen y causa inevitable del desastre, que ni siquiera se atenuó dando a la escuadra un pequeño convoy, con el que al menos hubiéramos podido dejar mejor puesto el honor militar, intentando alguna aventura a la llegada a las Antillas. Pero eso no evitaba la derrota, pues, una vez cometido el error, solo quedaba por determinar el sitio en que debía tener lugar. Respecto al día en que aquél ocurrió no fue precisamente el 3 de julio, sino en abril, cuando soñando en los movimientos sediciosos en España y en las Antillas, donde se llegó hasta suponer el absurdo de que el Ejército se pusiera al lado de los voluntarios, hizo olvidar los más elementales principios de estrategia y cuáles eran los intereses de la patria, contribuyendo a ello los hombres de gobierno, que no quieren reconocer que, del mismo modo que los militares deben dar su vida en holocausto de la patria, los hombres políticos debieron sacrificarse por el país y afrontar un pequeñísimo riesgo antes que dejar que la corona de España perdiera diez millones de súbditos.

Capítulo VIII. Situación de la escuadra

Datos importantes y defectos del material. Comparación con la escuadra enemiga en términos al alcance de todos

Aunque lo hayamos dicho en un principio, vamos a repetir cuál era la situación de ambas escuadras, ampliando, sin embargo, los detalles.

Los cruceros acorazados *Infanta María Teresa*, *Vizcaya* y *Oquendo* tenían protegida la línea de flotación por una cintura de acero compound, de 30 centímetros, que alcanzaba las dos terceras partes de su eslora. Teóricamente, esta protección era vulnerable a la artillería de 8, 12 y 13 pulgadas; pero prácticamente, debíamos suponerlo solamente vulnerable a los catorce cañones de 12 y 13 pulgadas que íbamos a tener delante.

Tenían estos buques, cada uno, dos cañones de 20 centímetros, montados en dos poderosas barbetas perfectamente protegidas, y que prácticamente no eran vulnerables sino a las catorce referidas piezas, menos en caso de una casualidad, como ocurrió en la barbeta de proa del *Oquendo*, en que un proyectil se metió entre el cañón y la abertura del propio carapacho.

Tenían, además, estos buques, y debía haber sido su fuerza principal, una batería de diez cañones de 14 centímetros, de tiro rápido, con sus manteletes, y sin protección de ninguna otra clase, expuestos a todos los astillazos de los botes e impedimenta que iba sobre ellos. Los ascensores de municiones de estas piezas estaban completamente indefensos, y de construcción, su instalación dejaba bastante que desear.

La artillería de tiro rápido, aparte de no ser muy numerosa, no tenía tampoco protección de ningún género.

Estaban estos buques sobrecargados de madera, tanto en sus cubiertas como en los alojamientos e instalaciones, a pesar de que se habían desembarcado en Cádiz las mesas y bancos de la gente, botes chicos, canoas y cuanto objeto fue posible dejar para aclarar el buque y evitar efectos combustibles.

En resumen: tenían estos buques protegidas las partes vitales (según suelen llamarse), como si hubiera algo más vital que la vida de la tripulación; y si bien bajo el punto de vista de echarlos a pique no tenían que temer más que de dieciocho, o si se quiere, de sesenta y cuatro cañones (bien entendido que hablamos del día 2 de julio), en cambio las obras muertas de esos buques eran vulnerables a 265 cañones, más a todos los de los buques auxiliares.

El crucero *Cristóbal Colón*, protegido por una coraza de 15 centímetros de acero níquel, tenía protegidos los diez cañones Armstrong, de 15 centímetros, de la batería principal, y al descubierto, pero bien instalados, seis de 12 centímetros y diez Nordenfelt, de 57 milímetros, o de 6 libras. Este buque, como hemos dicho al principio, no tenía montados sus cañones grandes.

Refiriéndonos a la protección de este crucero, diremos que su flotación se hallaba más expuesta a los cañones de 8 pulgadas, o 20 centímetros; pudiéndosele considerar vulnerable a sesenta y un cañones, pero invulnerable a los demás.

Respecto al enemigo, los acorazados *Indiana*, *Oregón*, *Iowa* y *Massachusetts* eran prácticamente invulnerables para nosotros: su coraza de la flotación, de 11 y 18 pulgadas, de acero harveyzado, a duras penas, y solo a la boca de la pieza y en el polígono, la hubieran podido atravesar nuestros cañones de 28 centímetros; pero en condiciones de guerra eran prácticamente invulnerables, y únicamente hubiéramos podido hacerles daño parcial en las pequeñas torres de los cañones de 6 y 8 pulgadas; los demás cañones nuestros, al tirar contra esos buques, hacían el mismo efecto que ladrar a la Luna.

Cualquiera de esos cuatro buques aislado hubiera podido hacer frente a toda nuestra escuadrilla junta, y la reunión de ellos, apoyándose mutuamente, representaban una fuerza tan colosal, en relación a la nuestra, que un oficial, por cierto muy competente, la estima, bajo el punto de vista exclusivamente científico, en relación de 1 a 40.

Los cruceros acorazados *Brooklyn* y *New York* eran cada uno por sí superiores a los nuestros, sobre todo por tener protegida toda la artillería, y como construidos más recientemente, haberse evitado en ellos cuanto efecto pudiera ser pasto de las llamas.

El *Texas*, buque, aunque mejor armado, muy semejante a los nuestros, tipo *Vizcaya*, como construido en la misma fecha, era, unido a los demás, un buque poderosísimo, como lo hubieran sido los nuestros de haber tenido el apoyo de algunos grandes acorazados.

No podemos ni debemos despreciar la artillería de los buques auxiliares, que era mucha; la que es tanto más útil, cuanto que en el fragor de la batalla tiran impunemente, pues, como se ha visto en varios combates navales, nadie les hace caso.

Respecto a artillería, y empezando por la del enemigo, tenía éste una práctica colosal, pues llevaba dos años de estar preparándose para la guerra, tirando por sumas fabulosas, publicadas en todos los anuarios del mundo. Sobre esto, la gran experiencia de los bombardeos de Puerto Rico, Santiago y Daiquiri le había permitido, no solo adiestrar su gente, sino corregir esa multitud de inconvenientes que ofrecen hoy los montajes y cierres de la artillería moderna, y que la misma escuadra de Dewey tuvo en Cavite el 1.º de mayo, y Sampson en Puerto Rico, y que constan en los partes oficiales americanos.

Por nuestra parte, con la artillería de 28 centímetros, que era inmejorable, solo habíamos tirado dos tiros de ejercicio con cada cañón; no habiendo, por consiguiente, ocasión de llegar a una práctica tan necesaria para evitar lo que ocurrió en el *Vizcaya* en los ejercicios, y en el *Teresa* en el combate, que en los cañones de popa, respectivamente, después del primer disparo no hubo medio de llevar el cierre a su sitio.

Pero lo pavoroso era lo que ocurría con los cañones de 14 centímetros. Estas piezas, que eran la verdadera fuerza de los buques, disparaban, como saben todas las personas peritas, con sus cargas dentro de casquillos metálicos a modo como van las cargas de revólver (hablamos para los profanos), y esos casquillos fabricados por la casa Armstrong, de Newcastle, de funesta recordación en cuanto material de artillería nos ha suministrado, habían dado tan mal resultado, que al disparar salían los gases por la culata.

Precisamente en el *María Teresa* había sido despedido parte del cierre de un cañón por esta causa, habiendo herido a varios sirvientes y amenazando un desastre mayor. Para relevar esos casquillos se habían encomendado otros al extranjero, pues no se fabrican en nuestro país, y pena da confesar que formalidades de contrata y pruebas, que emplearon desde mediados del 96 hasta marzo de 1898, en que se empezaron a fabricar, han hecho que se hayan tardado cerca de dos años desde que se empezó el expediente hasta recibir los primeros casquillos; circunstancias que indican una vez más hasta qué punto se desconoce cuáles son las necesidades del país y cuán caras cuestan estas formalidades en circunstancias extremas.[14]

Al estallar la guerra, solo había 300 tiros de los casquillos nuevos de esta fabricación, que partimos entre los tres cruceros, no diré de buena gana, pues yo que los tenía en el *María Teresa* los di de muy mala voluntad, hasta que el almirante, entre serio y risueño, me dio la orden terminante del reparto.

Del resto se hizo una clasificación, y los que aparecían como mejores fueron probados en el *Vizcaya*, y aunque no hubo ningún accidente, al ser reconocidos dichos casquillos se vio que había algunos degollados; por consiguiente, nada más fácil que hubiesen escupido el cierre del cañón, matando a todos los sirvientes; con lo que se presentó el siguiente dilema: o no disparar un tiro con esos cañones hasta el momento del combate, en cuyo caso cualquier avería pasaba desapercibida y seguía el fuego a todo evento, o tirar con ellos y ensayar a los artilleros, como era absolutamente indispensable; pero como era posible que ocurrieran accidentes gravísimos, quedarían todas las baterías desmoralizadas por lo más temible, como son los accidentes de la artillería propia.

Hubo que escoger, y se escogió lo primero; es decir, el ir al combate en la condición tremenda de que el primer tiro que tiraban los cañones de 14 centímetros fuera al enemigo, ocurriendo lo que no podía menos de suceder: que en el *Oquendo* un cañón despidió el cierre, matando a todos los sirvientes; y a un artillero del *Vizcaya* he visto yo cómo le sacaban en el hospital un trozo de ebonita de la cabeza, señal de que otro cierre anduvo, entero o en trozos, también por el aire. Esto, al menos, es lo que se sabe; pero es posible que las accidentes hayan sido muchos más.

Nada, pues, faltaba para que fuera sombría nuestra situación, y que la palabra desastre, repetida oficialmente varias veces por el almirante y censurada especialmente por aquellos a quien de cerca les tocaba alguna responsabilidad, fuera una cosa clara, inevitable e indiscutible: no cabía otra cosa

---

14 A tal extremo habían llegado las economías del llamado presupuesto de la paz, que al subir al poder al ministerio Cánovas hubo que gastar 5 millones de pesetas en municiones de guerra; lo que tuvo que hacerse atropelladamente, y de ahí la admisión de los famosos casquillos de Armstrong.

más que un desastre: así lo repetían todos los extranjeros, diciendo que si la escuadra salía sería aniquilada, como no podía menos de suceder.

No queremos, sin embargo, que lo que acabamos de exponer sirva para sentar una opinión semejante a la que se ha deducido de la correspondencia del almirante Cervera, viniendo a suponer que los buques estaban en condiciones imposibles. No es así: la correspondencia publicada no es solo y exclusivamente sobre la guerra; es la correspondencia de un período de muchos meses, y se refiere a faltas y necesidades que tienen todas las escuadras del mundo; solo que el citado almirante ha querido publicarlas íntegras para que no se creyera que mutilaba las comunicaciones.

Y así es que no nos cansaremos de repetir que los buques eran magníficos; que en instrucción no cedían a los mejores de cualquier Marina del mundo, y que, salvo la de casquillos de la artillería de 14 centímetros y la necesidad de haber consumido mucho carbón para adiestrar nuestros fogoneros, no tenían falta alguna capital. La falta consistió en lanzarlos contra fuerzas inmensamente superiores, tarde y sin elementos auxiliares; como lo sería el lanzar unos escuadrones de caballería contra trincheras inaccesibles, después de haber dado tiempo a los enemigos para parapetarse, para escoger la posición y reunir fuerzas centuplicadas con que aniquilarlos. No significaría eso que los escuadrones fueran de desecho porque en el curso del servicio faltara tal o cual detalle; lo verdaderamente detestable sería la orden de lanzarlos a la muerte para que sus cadáveres sirvieran para ofrecer un argumento al pueblo español que justificase la necesidad de pedir la paz.

Capítulo IX. Comandantes a la orden y plan de batalla

Embarque de las compañías desembarcadas. Razón táctica desfavorable de las condiciones de la boca del puerto que dio carácter al combate

2 de julio de 1898

Al amanecer llamó el almirante a la orden a sus capitanes y nos dio conocimiento del telegrama, cuyo texto original, que hemos transcrito, decía al terminar: Salga V. E. inmediatamente.

Nos manifestó que nuestra misión de discutir había acabado; que habíamos hecho cuanto humanamente cabía hacer para evitar la catástrofe, y que ya no era ocasión de discutir, sino de obedecer; en lo que todos estuvimos conformes. Faltaba ya allí el sabio y querido Bustamante, herido en la batalla del día anterior para no levantarse jamás; por cuya razón, además del mando de mi buque, desempeñaba yo la jefatura de Estado Mayor desde el día en que aquél desembarcó.

De común acuerdo convinimos en que convenía llevar la salida con verdadero atropellamiento; pues teniendo los insurrectos constantes comunicaciones con la plaza y no siendo fácil ocultar la salida, era casi seguro que lo sabría el almirante Sampson a las pocas horas, perdiendo la única esperanza que nos quedaba de hallarlos con las máquinas no completamente listas.

Incontinenti procedió el almirante a darnos las órdenes para el combate. Partían éstas del conocimiento que tenía de las maniobras usuales del enemigo, observadas en tantos días como llevábamos de bloqueo. Solían sus buques, apoyándose en el Este hacia Daiquiri y muy cerca de tierra, formar un arco grande, al Este el *Indiana*, y siguiendo hacia el Oeste el *New York*, *Oregón*, *Iowa*, *Massachusetts* y *Texas*, que solía quedar próximamente al Sur de la boca del puerto. Pegado a la tierra, por el Oeste, solía haber un yate, que suponíamos comunicaba constantemente con los insurrectos, y apoyando al yate el *Brooklyn* en la mitad de ese intervalo y lejos de los suyos; habiendo siempre, en resumen, un gran espacio abierto al Sudoeste entre el *Texas* y la costa.

Suponiendo, pues, que el *Brooklyn* estaría en su sitio usual cuando se saliera, el *María Teresa* entablaría combate con él, tratando de embestirle; y mientras el resto de la escuadra enemiga se cebaba en nuestra capitana, los demás buques, llevando la cabeza el *Vizcaya*, sin detenerse a socorrer al *Teresa*, pasarían entre éste y la costa en línea de fila y tratarían de escapar; los destructores se pondrían a sotafuego de los buques mayores, y apenas pudieran, forzando su maquina, tratarían de alejarse, no tomando parte en el combate, sino en caso que se les presentase ocasión. De encontrar algún buque suelto, debían aprovecharse la ocasión de atacarle, siendo el objetivo alcanzar La Habana o Cienfuegos los que pudieran salvarse. Fueron las palabras del almirante recibidas con entusiasmo, y mutuamente nos estrechamos las manos con efusión, como soldados que sabíamos que íbamos a la muerte y a la destrucción, de que no esperaba ninguno poder salvar: hubo frases duras y merecidas para muchos hombres políticos, que siguen tan tranquilos como si nada debieran ni a Dios ni a la patria, y juramos que si alguno sobrevivía defendería la memoria de los que cayeran en la refriega.

Quedó marcada como hora de salida las cuatro de la tarde, si a esa hora estaban embarcadas las dotaciones, y en caso contrario, al día siguiente por la mañana.

Se retiró cada uno a su bordo, y yo, como jefe de Estado Mayor, fui a ver al general de división don José Toral, que, como hemos dicho, mandaba la plaza, y al que hallé a las siete de la mañana en las trincheras de la puerta del Caney en medio del fuego, con objeto de que ordenase el reembarco de los 1.000 hombres que teníamos en tierra, y al mismo tiempo un ayudante del almirante dejaba depositados en manos del arzobispo todos los documentos originales de esta tragedia, recobrados hoy felizmente, y a cuya admirable previsión del almirante Cervera debemos, los que tuvimos la fortuna de servir a sus órdenes y la Marina toda, la salvación de nuestra honra contra interesadas imputaciones.

Al tratar de la salida, se estudió precisamente lo que constituía la parte más especial y que había de dar carácter determinado al combate; no hallando nosotros explicación al hecho de que, siendo esto lo más decisivo, haya pasado desapercibido para todos los escritores profesionales que se han ocupado del mismo.

En efecto: el puerto de Santiago forma en su desembocadura un angosto canal de unos 1.000 metros de longitud, canal que se hace más angosto aún en su salida por la situación del bajo Diamante, que deja reducido su ancho a unos 70 metros para buques de porte. Sobre esta angostura hay que efectuar un giro de medio cuadrante, que es indispensable hacer con velocidad moderada, para no irse sobre las rocas de la orilla opuesta, y, por tanto, dicha angostura impide que al salir varios buques haya más de uno al mismo tiempo en el canal, en evitación de un abordaje, si por acaso tuviera alguna avería el buque que sale primero, o varara, cosa nada extraño dado lo preciso de la maniobra; al igual que sucedería si, al salir un regimiento de artillería por la puerta de una fortaleza, se atascara una de las piezas y las demás se le vinieran encima si no pudieran retroceder ni girar dentro de los muros de salida.

A esta dificultad natural del puerto se agregaba que, sobre Cayo Smith, estaba el canal obstruido en parte por el *Merrimac* a pique, al que no solo había que rascar, sino que los buques tenían que girar antes de rebasarlo, por lo que las hélices de babor venían a pasar a 3 o 4 metros del casco náufrago, con gran peligro de enredarse en él o en sus jarcias; cuya dificultad no encomiamos por tratarse de un asunto demasiado personal.

Esto obligaba a que los buques salieran con una distancia considerable de uno a otro, y aunque esta circunstancia en sí no era perjudicial para la puntería contra ellos, tenía en cambio el gravísimo inconveniente de que el que saliera delante sufriría él solo todo el fuego de todos los enemigos, y así sucesivamente, viniendo a resultar el combate de dos cañones útiles contra más de 200.

Este era el problema que se presentaba, que no había medio de evitar, y que es la razón táctica del modo cómo se desarrolló el combate; llamando de nuevo la atención sobre el hecho de que los escritores extranjeros se han fijado en la distancia de buque a buque, pero no en el tiempo, que era lo importante.

Las compañías de marinería que estaban en tierra fueron embarcando rápidamente, menos las dos del *Vizcaya*, que estaban muy lejos, en el camino de El Cobre, y que llegaron a las cuatro de la tarde completamente extenuadas; por lo que dispuso el almirante que se suspendiera la salida por aquel día, dedicándose todo el mundo a descansar, puesto que, completamente listos, no había ya preparativo alguno que hacer.

No terminaremos, sin embargo, el relato de este día sin decir que en tierra el fuego seguía vivísimo, tanto, que en momentos determinados llegamos a mirar con nueva ansiedad las alturas de la boca del puerto. A las dos de la madrugada, de orden del almirante, fui a tierra, y por última vez comuniqué con Villaamil, que estaba con sus destructores bajo los muelles de las minas de hierro, donde tan cerca se oía el fuego que parecía que el enemigo hubiera envuelto aquella posición. Nada extraordinario ocurría, sin embargo, mientras todos los jefes procurábamos que nuestras tripulaciones cogieran un sueño reparador para la función del siguiente día.

Capítulo X. El 3 de julio de 1898

¡Pobre España! Extensa y completa descripción del combate, con un plano

¡Pobre España!

Amaneció el día neblinoso: los buques con todas sus calderas encendidas; la artillería cargada; los torpedos a discreción de cada comandante, y las anclas listas para zarpar. La gente había tomada un rancho extraordinario. A las siete fui con el cañonero *Alvarado* a la boca del puerto, de orden del almirante, para reconocer la situación del enemigo, que no se veía desde dentro.

Los buques enemigos estaban por este orden, empezando por el Este: *Indiana*, *New York*, *Oregón*, *Iowa*, *Texas* y *Brooklyn*, y multitud de auxiliares, de que no hice mención; faltaba el *Massachusetts*; el *Indiana* estaba más a tierra que de costumbre, y el *Brooklyn*, al contrario de los demás días, quizás por ser domingo y no comunicar con tierra, estaba completamente inmediato al *Texas*, y en el espacio intermedio que antes solía ocupar éste, había un pequeño yate. El enemigo, pues, nos presentaba aquella mañana catorce cañones de 30 y 32 centímetros, 38 de 20 centímetros y 191 piezas de menor calibre; todas éstas de tiro rápido, con exclusión de ametralladoras y torpedos; y de cuyos cañones los noventa y seis de mayor calibre estaban perfectamente protegidos.

Por nuestra parte teníamos seis únicos cañones de 28 centímetros, protegidos, y los demás, hasta 114, completamente indefensos; y de ellos treinta, de los cuarenta que constituían el nervio principal de nuestra artillería, con los casquillos en las condiciones que hemos expuesto.

Estas condiciones de artillería variaron a su vez un poco, pues a las ocho y media de la mañana el *New York*, con el almirante Sampson, había ido a Siboney con objeto de conferenciar con el general Shafter; de modo que aquel buque quitaba momentáneamente de la línea enemiga seis cañones de a 20 y 20 de menor calibre.

Respecto a distancias, con una estadía que yo llevaba medí a la que se encontraba el *Brooklyn*, que pasaba de 7.000 metros, que era el máximum que medía el instrumento; de modo que calculo que estaría más cerca de los

9.000 metros que de los 7.000; pues desde una elevación de unos 12 metros sobre el nivel del mar tampoco se veía bien su flotación.

Sobre esta parte de distancias no es exacto el parte del almirante Sampson, y basta fijarse en el plano oficial publicado en los Estados Unidos para comprenderlo. En él sitúa al *Brooklyn* a unos 5.000 metros de la boca, lo que obliga a hacer pasar la derrota del *Teresa* a unos 300 metros del buque insignia del almirante Schley, que es lo que nosotros hubiéramos deseado para nuestros torpedos y artillería grande; al *Gloucester* a 800 metros del Morro, de donde lo hubieran desalojado los mauser de la guarnición; el *Vixen* a 1.500 metros del único buen cañón de la Socapa, que hubiera dado instantáneamente cuenta de él; por último, el *Indiana* a unos 3.500 metros de la boca; y basta considerar que el último buque nuestro que salió lo hizo unos treinta minutos después del primero, para comprender que si el *Indiana* hubiera estado a 3.500 metros de la boca y pegado a la costa, lo hubiera esperado a la salida, como podía hacerlo impunemente, pues le bastaba una velocidad de cuatro millas por hora para haber llegado a la altura del Morro antes que saliera el *Oquendo*; esto es en el supuesto que hubiese estado en el sitio que le asigna su almirante. La verdadera posición del *Indiana* era efectivamente sobre la costa; pero no estaría de ella a menos de cuatro kilómetros, y a unos 8.000 metros de la boca del puerto; siendo muy fácil reconstituir la posición de los buques en el momento de la salida, pues al doblar el *Teresa* Cayo Smith no se veía más que el *Texas*, y poco después el *Iowa*, formando un arco de unos 9.000 metros de radio y apoyado todo sobre el Este del puerto. Precisamente el mismo comandante del *Iowa* dice que disparó a 6.000 yardas, lo que, sumado al avance nuestro sobre la línea enemiga, viene a coincidir con lo que decimos respecto a distancias, contra lo que dice el almirante Sampson; tanto más, cuanto que, de ser verdad lo que él mismo afirma, debió haber puesto en Consejo de guerra a todos sus capitanes por no haber echado a pique nuestra escuadra en la misma boca.

El plano oficial del combate dado por el almirante Sampson no está tampoco conforme con los partes de sus comandantes; pues el *Texas* dice que estaba a 1.500 yardas del Morro, lo que, como es consiguiente, no puede ser; pues el *Iowa*, que estaba a su lado, dice que estaba de tres a cuatro millas.

Sin embargo, en lo demás es relativamente aceptable, reconociendo de antemano que los documentos publicados por el Navy Department suelen ser bastante imparciales, y salvo que, como dijimos, suprimen siempre todo lo desagradable, son una muestra de seriedad, de la que no creemos haya muchos ejemplos.

Volviendo a la cuestión del plano del combate, diremos que, en cambio, es bastante exacto el del *Annual Brasset* de 1899, que es evidente procede de uno de los jefes americanos, salvo que sitúa el *Texas* y el *Brooklyn* demasiado adelantados, pues tal como están situados, el *Iowa* y el *Texas* no pudieron haberse interpuesto al *Teresa*, como se interpusieron.

Tampoco es exacta la posición num. 2 del *Brooklyn*, que parece avanzar hacia nosotros; pues lo que hizo fue dar la vuelta y ponernos la popa, que es como lo describe el maquinista primero del *Oregón* en las páginas 544 y 545 del *Engineering Magazine* de enero del año 1899, y cuyos planos son perfectamente exactos en la situación de la escuadra americana, e igual casi al que nosotros publicamos.

Debemos, sin embargo, reconocer la sinceridad en todos, pues las diferencias no son de consideración más que por las circunstancias apremiantes en que se desarrollaron los sucesos.

Regresé a la capitana, di parte al almirante del reconocimiento y de que faltaba un acorazado, tipo *Indiana*, de la línea enemiga.

Acto continuo el almirante mandó izar la señal de levar, y cuando todos los buques contestaron que tenían sus anclas todas ya aseguradas, la señal de salida fue la de ¡viva España!, contestada con entusiasmo por todas las tripulaciones y por las tropas del Ejército, que, completamente listas para secundarnos, estaban en las altas orillas que forman la salida de Santiago.[15]

Desplegada la bandera de combate, pasó el *Infanta María Teresa* por delante de los demás cruceros, que por última vez hicieron los honores de ordenanza a su almirante, saludándolo con vivas, que manifestaban el nervio de las tripulaciones, dignas de mejor empleo. Siguió el *María Teresa* avanzando rápidamente, sin ser descubierto hasta estar a la altura de la batería

---

15 No merece que hagamos el honor de discutir la patraña de que las anclas no estaban listas y los cañones sin cargar, que se han atrevido a suponer o inventar interesados escritores españoles, en busca de populachería.

de la Estrella, que señales visiblemente apresuradas y un disparo de alarma del *Iowa* hizo ver que los enemigos acudían a sus puestos de combate.

Acabábamos de dar la vuelta al bajo del Diamante, y con un silencio sepulcral en tierra y a bordo, impresionado todo el mundo ante el grandioso espectáculo de los buques saliendo por el desfiladero entre el Morro y la Socapa; momento solemne capaz de hacer latir al corazón mejor templado; desde fuera de la torre de combate, en la que no quise entrar nunca para dar ejemplo a mi indefensa dotación, pues si yo caía quedaba el almirante, pedí su venia y con ella di la orden de romper el fuego. Sonó la corneta de órdenes la señal de comenzar el combate, orden repetida por todas las de las baterías y seguida de un murmullo de aprobación de todos aquellos pobres marineros y soldados de infantería de Marina ansiosos de pelear, porque no sabían que aquellos ecos bélicos de las cornetas eran la señal que arrojaba la patria a los pies del vencedor, pues iban a privarla de la única fuerza que aún podría valerle, sin la que un millón de soldados de nada podían servirle; de la única fuerza que podía pesar en el tratado de paz; fuerza que, una vez destruida, dejaba a España entera, a la vieja España de Europa, no a Cuba, como creían tantos ignorantes, completamente a merced del enemigo.

Mis cornetas sonaron el último eco de aquellas que la historia cuenta que sonaron en la toma de Granada: ¡era la señal de que terminaba la historia de cuatro siglos de grandeza, y que España pasaba a ser nación de cuarto orden!

¡Pobre España!, dije a mi querido y noble almirante, y éste me contestó significativamente, como diciendo que había hecho cuanto era posible para evitarlo, y que estaba tranquilo su corazón; y era verdad: en deberes cívicos no era posible ir más allá de lo que él fue; pues por lo que respecta a los deberes militares, eran tan fáciles, que ni merecerían que nos tomáramos la molestia de discutirlos.

Para mí, ¡original coincidencia! Hacía pocos años cúpome la honra de representar en la arcaica Nao, copia exacta de la de *Colón*, las glorias todas del siglo XV, ¡y el 3 de julio me tocó dar la señal del fin de aquellas grandezas! ¡Pero lo primero fue representación, y esto era espantosa realidad!

El segundo cañón de la batería de cubierta fue el primero que rompió el fuego, volviéndonos a esa realidad, harto tremenda para que pensáramos en otra cosa. Lanzado el crucero a toda velocidad, rompimos un fuego frenético con toda nuestra artillería, menos el cañón de proa, que guardábamos para dispararlo a corta distancia. Según la orden que tenía, puse la proa al crucero acorazado *Brooklyn*, el que, metiendo sobre estribor,[16] nos presentó la popa y descargó sus dos piezas de dicha torre, alejándose hacia el Sur. En la relación del combate que hace el maquinista del *Oregón* confirma que el *Brooklyn*, viendo la intención del *Teresa* de embestirle, hizo la maniobra que indicamos. La situación de aquel buque y el estar junto a los demás, que venían avante al par que él se alejaba, hizo que el *Texas* y el *Iowa* vinieran a interponerse entre el *Teresa* y el *Brooklyn*, por lo que, como íbamos a parar al espolón de estos dos últimos, el almirante me consultó, y de común acuerdo convinimos en que era imposible seguir, ordenándome poner la proa a longo de costa: estaba entonces el *Brooklyn* a unos 5.000 metros, y el *Texas* y el *Iowa* a unos 3.000. Detrás del *Teresa* había seguido el *Vizcaya*, al que seguía el *Colón* y luego el *Oquendo*; pero como el *Teresa* había estado fuera del puerto completamente solo unos diez minutos, todo ese tiempo estuvo sufriendo toda la artillería enemiga; lo que, como hemos dicho, forma la índole especial de este combate; es decir, la escuadra americana era vulnerable a dos cañones del *Teresa*, y este buque lo era a todos los del enemigo.

El *Vizcaya* y el *Colón* salieron bastante inmediatos el uno al otro, aumentándose, por consiguiente, la distancia con el *Oquendo*; y como los buques enemigos seguían escogiendo con preferencia el buque almirante para sus fuegos, y, sobre todo, como tenían los nuestros la orden de seguir por dentro, resultaban a tiro demasiado largo de los cañones de tiro rápido de 57 milímetros, siguiéndose que en un principio sufrieron poco; y de haber contado con sus máquinas, y el *Vizcaya* con los fondos del buque limpios, hubieran podido hacer una mucha más larga resistencia.

Mientras tanto, y siguiendo con el *María Teresa* para no perder la ilación, su posición era la de ir corriendo la costa; el *Brooklyn* corría paralelo a él, sin ninguna manifiesta intención de acercarse; el *Texas*, después del primer avance, había seguido las aguas de su buque almirante, al parecer manejado con indecisión; pero en cambio el *Iowa*, que había seguido avante y ganado,

---

16   La vuelta fue sobre estribor, aunque razonablemente parece que debió ser sobre la banda
      contraria.

por consiguiente, la distancia que tenía que recorrer, que era para él menos de la mitad de la que tenía que hacer el *Teresa*, se había colocado a unos 2.000 metros de la popa de la capitana española, alojándonos dos granadas de 30 centímetros que, reventando en la popa, hicieron saltar el tubo de valor de la bomba real, debieron conmover o romper alguna tubería de la máquina, y fueron la causa decisiva de la pérdida de aquel buque.

En las descripciones que publica el maquinista jefe del *Oregón*, se atribuye las granadas a ese buque; y si bien es verdad que al final fue el que decidió la destrucción del *Vizcaya* y del *Colón*, sin embargo, al principio del combate debieron estar muy indecisos, pues de haber avanzado él y el *Indiana*, nuestro *Oquendo* no habría salido del puerto.

Sea el que fuere el buque enemigo que descargó el golpe mortal al crucero *María Teresa*, insistimos en creer que fue el *Iowa*, pues el mismo comandante del *Oregón* habla del rápido avance de este último acorazado.

Por parte de lo que dice el comandante del *Indiana*, manifestando que una de sus granadas estalló en el *María Teresa*, lo creo insostenible, pues el mismo comandante manifiesta que disparó a los *destroyers* desde 4.500 a 3.000 yardas; y como cuando éstos salieron hacía ya más de media hora que había salido el buque insignia del almirante Cervera, no podía estar éste a distancia en que se vieran las heridas hechas por el último buque de la línea enemiga, cuyas distancias, expresadas por el mismo comandante del *Indiana*, indican que estaba quizá a más distancia de la boca del puerto de lo que nosotros suponemos, o que no se dio gran prisa en acortarla.

Sabido es lo difícil que se hace la descripción de un combate naval, que no viene a ser sino un conjunto de movimientos individuales; por lo que antes de seguir repetiremos que no nos proponemos hacer la descripción literaria, sino un estudio militar absolutamente profesional, a cuya descripción es imposible dar la vida a que se prestaría un relato de otro género.

En este momento, cuando el *María Teresa* era herido de muerte, fue cuando salió el *Oquendo* del puerto; pero concluiremos con el primero para no perder la ilación de la batalla.

En este instante, sembradas las cubiertas de muertos y heridos, relevados repetidas veces los sirvientes de la artillería, declarados varios incendios, de los que algunos se habían sofocado, y cuando parecía precisamente que solo el *Brooklyn* iba a aguantarse con nosotros, pudiendo alejarnos rápidamente de los acorazados, cuya distancia habíamos tenido que acortar por la configuración de la costa, fue cuando las dos granadas de 30 o 33, que reventaron en la popa, u otro proyectil, rompiendo un tubo grande de los de vapor, hizo que el andar disminuyera instantáneamente y de un modo visible, viéndonos irremisiblemente perdidos. El vapor, a su vez, inundó la popa, que quedó completamente cortada, invadiendo hasta la torre, donde no se podía estar; los incendios tomaron incremento, sin haber medio de llegar a ellos; murió asfixiada toda la gente de una de las conducciones de municiones de pequeño calibre, y allí perecieron, quemados los pulmones, una porción de hombres valerosos que quisieron atravesar los callejones de popa, conducidos por un valiente oficial, que allí sucumbió.

En este momento, y cuando desde el puente arengaba a la gente que se batía furiosamente en el espantoso caos que presentaba la cubierta del crucero, y tratando de averiguar qué era lo que había ocurrido a popa, pues desde el puente no era dable hacerse cargo de lo que sucedía, pareciendo más bien la explosión de algún pañol o torpedo, cúpome la honra de caer con dos heridas graves, y conmigo los dos oficiales del Estado Mayor de la escuadra, únicos que quedábamos en pie de cuantos habíamos estado en el puente a pecho descubierto.

En aquel frenético combatir no había tiempo ni ocasión de llamar al Segundo, por lo que el almirante tomó sobre sí el propio mando del buque, mientras era llevado trabajosamente a la enfermería de combate.

Tomado pavoroso incremento el incendio de la popa del *María Teresa* y disminuyendo por momentos el andar, aumentando cada vez más el estrago, pues estábamos al alcance de la artillería de tiro rápido, el almirante llamó al segundo y tercer jefe y a los tenientes de navío que tenía más cercanos, acordando que no había más remedio que estrellar al buque en la costa para que no cayera en poder del enemigo y poder salvar la tripulación, por lo que, metiendo sobre estribor, fue el buque embarrancado a unas cinco millas de la boca del puerto.

Dejamos el *Oquendo* saliendo del puerto; pero en cuya ocasión, habiendo avanzado el *Indiana*, el *Oregón* y el *Iowa*, con la infalible línea de tiro que marcaba el canal entre los montes de la boca de Santiago, recibió nuestro crucero el fuego concentrado de tres acorazados poderosísimos, que podían dispararle con la impunidad de quien tira al blanco; quedando completamente destrozado antes de salir.

La salida del *Oquendo* en estas condiciones, maniobrando con toda sangre fría para dar la vuelta al Diamante, es una de las faenas marineras más grandiosas, si no la más grandiosa, que ha tenido lugar en ninguna Marina militar, y el desgraciado capitán de navío don Juan Lazaga, que pereció en la batalla, dejó una estela de honor y gloria que han de recordar con respeto las generaciones venideras. Salió el *Oquendo* del puerto ya completamente perdido; y lo extraordinario es que los acorazados americanos, que debieron tenerlo rodeado, no lo apresaran o echaran a pique allí mismo, pues con tan extraordinaria superioridad tenían el deber de hacer bastante más de lo que hicieron.

Siguió el *Oquendo* a toda máquina, pasando muy cerca del *Teresa* cuando éste iba a la costa, y ardiendo todo su costado de babor, fue a perderse como a una milla de su almirante, embarrancando a toda máquina, hostigado ya en todo el trayecto por toda la escuadra enemiga, que dedicaba pocos cañones al *Vizcaya* y *Colón* y que ya no tiraba sobre el *Teresa*, repitiéndose el combate de todos los cañones americanos contra uno solo del *Oquendo*; pues una granada de a 20 centímetros había reventado debajo del cañón de la torre de proa, inutilizando ésta y matando al oficial y a todos los sirvientes.

Antes de seguir con los dos cruceros que quedaban a flote, nos ocuparemos de los destructores *Furor* y *Plutón*, que salieron detrás del *Oquendo*. Estos buques tenían la orden de salir con los mayores a ponerse a sotafuego hasta que, merced a su andar, pudieran ponerse fuera de tiro, según hemos manifestado al tratar del plan de combate. Ignoramos qué razones pudo tener su valiente jefe, el capitán de navío Villaamil, para salir con un intervalo demasiado grande, quizá creyendo que todos los buques de combate se lanzarían a la persecución, sin contar con que había muchos buques auxiliares, que para los destructores eran peor que los mismos acorazados; buques que a cortísima distancia los destrozaron, ayudados de la artillería de tiro rápido del *Indiana*, que, como se ve, había quedado el último.

Este intervalo se aumentó, sin duda, por haber salido por el Sur de Cayo Smith, cuyo canal estaba obstruido con un flotador para impedir toda entrada a los torpederos enemigos, y aunque al ver los destructores la gente de las líneas de torpedos se lanzó a quitarlo, la operación exigió unos minutos, que contribuyeron a empeorar la situación. Esos buques tan delicados, que no pueden recibir un tiro sin que sea un golpe mortal, fueron destrozados inmediatamente a la salida, yéndose a pique el *Furor* y estrellándose en la costa el *Plutón*, ya casi sumergido, habiendo perdido cada uno de los buques la tercera parte de la tripulación, casi todos muertos.

Dejamos el *Vizcaya* y el *Colón* rumbo al Oeste y forzado el cerco; seguidos de cerca por el *Brooklyn*, *Texas*, *Iowa* y el *Oregón*, que, forzando la máquina, demostró aquel día ser el buque cuyas máquinas estaban mejor manejadas. Para colmo de malaventura, el *Vizcaya* había quedado detrás de su compañero, que estaba más protegido, por lo que, habiendo quedado más cerca, fue instintivamente atacado por todos los buques enemigos, repitiéndose otra vez la misma circunstancia que antes de dos cañones nuestros contra todos los del enemigo; y apenas éstos fueron ganando en distancia, el incendio hizo presa en el hermoso crucero, sin que pudiera evitarlo el heroico esfuerzo de sus defensores, y a las once y media próximamente embarrancó en Aserraderos, consumiendo las llamas su bandera, lo mismo que la de sus otros dos compañeros, pues ninguna fue arriada.

En esta caza, y como a las diez y media, cayó el *Vizcaya* sobre el *Brooklyn* con objeto de acortar las distancias y embestirle; pero el *Oregón* y el *Iowa* se interpusieron en la misma forma que al principio de la acción se habían interpuesto este último buque y el *Texas* delante del *María Teresa*, por lo que el *Vizcaya* tuvo que meter otra vez al Oeste y seguir combatiendo con todos.

Tenía el *Vizcaya* una hermosa bandera de seda, regalo de la histórica Diputación provincial del antiguo señorío de su nombre, y ya perdido el buque, Eulate la hizo arriar y quemar, izando otra al tope mayor que no se arrió jamás hasta que el incendio la hizo caer con todo el palo en las llamas que devoraban la popa, que con sus afiladas puntas parecían aguardar que sobre ellas cayera la enseña de la patria, para que jamás pudiera servir de trofeo al enemigo.

Las tripulaciones de los tres buques tuvieron que arrojarse al mar, y los heridos del *Teresa* y *Oquendo* fueron llevados a remolque a nado, pues el *Vizcaya* tuvo la suerte de poder salvar un bote; en cambio embarrancó muy lejos de tierra, y a no haber tenido cerca un arrecife a flor de agua, hubiera perecido abrasada o ahogada toda la dotación.

Perdido el *Vizcaya*, el *Indiana* volvió a su puesto delante de Santiago, siguiendo al *Colón* de cerca el *Brooklyn* y el Oregón, así como el *Texas* y el *New York*, que al oír el cañoneo venía forzando la máquina para tomar parte en la función, tanto, que contribuyó a la destrucción de los *destroyers*.

Quedó el *Cristóbal Colón* como unas seis millas delante de los demás buques y con la esperanza ya de salvarlo; puede, pues, calcularse el momento de desesperación del segundo jefe de la escuadra y de su comandante cuando subió el maquinista mayor y les manifestó que se había acabado el carbón bueno y que con el que quedaba disminuirían considerablemente las revoluciones, y, por consiguiente, el andar en unas tres millas. Cuanto pudo hacerse se hizo para excitar el entusiasmo y el interés de los fogoneros; pero el acorazado *Oregón*, que venía andando 16 millas, según sus partes oficiales, ganaba rápidamente a nuestro crucero, el que estaba irremisiblemente perdido.

La situación del *Cristóbal Colón* no podía ser más espantosa. Le alcanzaba el *Oregón*, que podía echarlo a pique sin recibir ni un arañazo; el *Brooklyn*, crucero bien protegido y de más andar y mejor artillería: y venían cerca, también ganando, el *New York* y el *Texas*, masa de fuerza a la que era imposible que escapase; y hasta para colmo de situación difícil, el *Oregón* estaba colocado en el sector muerto de los cañones de popa, pues, como es sabido, le faltaba la artillería de 30 toneladas; de modo que no podía dispararle sin atravesarse y perder un camino que era su única salvación.

De seguir la defensa, hubiera tenido ciertamente más bajas, lo que complace a ese vulgo que juzga de las acciones de guerra por el número de víctimas, cuando muchas veces lo que representan éstas es la torpeza del que manda; pero el buque hubiera caído infaliblemente en poder del enemigo, que es lo que trataba el comandante del *Oregón*, procurando interponerse entre la tierra y nuestro crucero. Quedaba, sí, un recurso, que era el de echar el *Colón* a pique antes de llegar el enemigo; pero éste, antes de sumergirse, hubiera dado la vuelta y se habría ahogado toda la tripulación; y aunque esto es una monstruosidad que no merecería discutirse, bueno es que digamos a los españoles que esto lo prohibe la ley; pues del mismo modo que no puede mandar que al rendirse un fuerte ponga el gobernador a toda la guarnición sobre el polvorín y vuele por los aires con todos sus defensores, igualmente no puede disponer que a sangre fría se dé muerte a 500 hombres, aunque esto resulte muy natural para los grandes almirantes de las mesas de cafés; y, sobre todo, que no debe hacerse cuando ningún provecho trae a la patria.

Perdido el buque sin humano remedio, según dice el mismo almirante Sampson en su parte oficial, el general Paredes y el comandante del Colón, inspirándose en sus más altos deberes, y antes que el enemigo pudiera impedirlo, arrojaron el crucero a toda máquina contra la costa, mandaron abrir las válvulas de la máquina y pasaron por el amargo trance de arriar la bandera, último esfuerzo de esta sangrienta cuanto inútil epopeya.

La varada de los buques había sido con distinta fortuna, pues la costa es arenosa, alternada con grandes manchones de roca.

Los más afortunados habían sido el *Vizcaya* y el *Oquendo*, que dieron en roca, y destrozados sus fondos no era posible que el enemigo sacara sus cascos; el *María Teresa* no chocó más que con una roca por la mura de estribor, por lo que, y como iba con poca velocidad, no recibió todo el daño que el almirante se proponía. Además, yo tenía combinado con los dos maquinistas mayores cuanto era preciso para echar el buque a pique, en la seguridad de que sería obedecido, y muertos aquellos dos hombres de honor y herido yo gravemente, no pudo llevarse a cabo lo que entre los tres estaba secreto, y no podía hacerse público sin poner en peligro la fuerza moral de toda la tripulación; y cuando después de embarrancado fui subido al puente, no era posible ir a la máquina, donde el vapor y el incendio en la batería se oponían a cualquier clase de tentativa.

El *Cristóbal Colón* fue menos afortunado que ninguno, pues aunque con una arrancada de 13 millas, embarrancó en arena; y si el almirante Sampson, con más espíritu marinero, antes de sacarlo del bajo, hubiera mandado que los buzos cerrasen las válvulas, habría salvado el crucero con toda seguridad; pero con febril impaciencia le dio un remolque con el propio *New York*, de su insignia, y apenas el buque fue recibiendo agua, comenzó a inclinarse, en cuyo momento, con gran habilidad y con el espolón de su propio buque, empujó de nuevo al *Colón* hacia la arena; pero ya era tarde, y acabando de dar la vuelta el noble y desgraciado crucero, se hundió en el mar para siempre, salvándose a toda prisa los pocos americanos y españoles que aún había dentro.

Dice el almirante Sampson en su parte oficial que las válvulas fueron abiertas traidoramente, suponiendo que fue después de arriar la bandera; lo cual no es exacto, no solo porque ni por la distancia ni por las condiciones del buque hubo ninguna precipitación, sino porque el buque no se rindió hasta que se creyó totalmente perdido. Y es por cierto muy original la pretensión del pueblo americano, en éste y en otros muchos casos, de querer dar lecciones de moralidad, cuando la que él profesa es de un género especial, de que no cabe duda al universo entero.

Como, según dijimos, no tratamos de hacer una descripción literaria, sino un estudio serio y sólidamente imparcial, seguiremos con la discusión del combate antes de relatar los incidentes que siguieron después, discusión que, agregada al capítulo que dedicaremos exclusivamente a observaciones profesionales, completará un estudio en que esperamos que, por lo menos, los oficiales de Marina del mundo entero apreciarán los términos de lealtad en que lo redactamos.

Se presentaba, en primer término, una cuestión artillera, que a su vez ofrecía los tres aspectos de punterías, distancias y vulnerabilidad.

Respecto a punterías, las nuestras tenían el inconveniente de que, desfilando por delante del enemigo, éste pasaba rápidamente de proa a popa por delante de la boca de los cañones; y así se explica que el *Brooklyn*, que fue el que verdaderamente corrió paralelo con el *Teresa* y el *Vizcaya*, recibiera 41 balazos, seguramente de estos dos buques; pues no estuvo a tiro del *Oquendo*, y muy poco tiempo de la mejor artillería del *Colón*.

Por su parte el enemigo, al ir marchando con sus buques hacia los nuestros, seguía la misma dirección de sus piezas, casi sin variación; por lo que la puntería, propiamente tal, estaba en muy ventajosas condiciones sobre la de la escuadra española, mientras no saliera del cerco en que convergían todos los fuegos del enemigo. Sobre esto tenían los americanos la superioridad que les daba el fuego que habían hecho; y hasta los prudentísimos bombardeos al Morro y a la Socapa de Santiago de Cuba les había dado una gran práctica del tiro a gran distancia.

¡Nuestros cañones de 14 centímetros tiraban por primera vez!

En las descripciones que *a posteriori* se han hecho de los efectos del tiro en nuestros perdidos buques, han llegado a asignarse hasta a qué buque enemigo pertenecía cada uno de los proyectiles; y dejando esto que nos parece ridículo, cuando hasta es difícil poder asegurar la misma posición de los buques, se ha sacado en consecuencia que los americanos hicieron un 3 % de blancos, lo que, aparte de que en esas condiciones y como tiro de guerra es un tanto por ciento aceptable, lo negamos rotundamente, pues las bajas fueron enormes en las baterías altas, donde apenas aparecen proyectiles, siendo seguramente quizá más del doble el número de blancos alcanzados; pero de todas maneras esto viene a demostrar que nunca pudimos estrechar las distancias como quisimos, sobre todo con los buques del extremo Oeste de la línea enemiga, pues el gran secreto para tirar bien es tirar de cerca, y el corto número de blancos relativo a los disparos viene en apoyo de las distancias que representamos en nuestro plano del combate.

Como dijimos, se puede asegurar que los 41 impactos del *Brooklyn* eran principalmente del *Teresa* y *Vizcaya*; y si se tiene en cuenta que a los quince minutos estaba prácticamente el *Teresa* fuera de combate, y poco después el *Oquendo*, mientras que el enemigo durante toda la acción tuvo todos sus cañones en fuego, se ve que la proporción no es tan desfavorable como parece, y quizá superior a la de la artillería americana.

Durante todo el combate, menos a la salida del *Oquendo* y de los destructores, estuvimos a tiro muy largo para los cañones Nordenfelt de seis libras, por lo que las baterías americanas, situadas en alto de sus superestructuras, estaban mucho mejor que las nuestras, situadas en la cubierta baja con el exclusivo objeto de la defensa contra torpederos; y con objeto de dar una prueba fehaciente de que los impactos hallados en nuestros buques son muchos menos que los que sufrieron, diremos que en el puente del *María Teresa* fueron muertos y heridos cuantos estaban fuera de la torre, y personalmente vi allí chocar siete proyectiles, uno de ellos, que debía ser de gran calibre, que partió en dos uno de mis ordenanzas; hasta que uno de tantos me dejó fuera de combate con todo el Estado Mayor.

La cuestión de vulnerabilidad la hemos tratado al comparar los buques, y aparte de lo deficiente de nuestra artillería, la distancia aumentaba la protección de los americanos, mientras que en los nuestros, ni de cerca ni de lejos, había amparo alguno en su obra muerta. De las notas americanas aparecen 27 impactos en el *Teresa* y 26 en el *Vizcaya*, cuyos buques consumió el incendio rápidamente, y el *Brooklyn*, que recibió 41, si bien de menor calibre, no sufrió considerablemente, efecto de su protección: el mismo crucero *Almirante Oquendo* recibió en junto 16 proyectiles grandes y 46 de 57 milímetros; siendo una prueba más de la absoluta necesidad que hay de proteger las obras muertas, para que el daño acumulado no impida por su multiplicidad e incremento acudir donde convenga.

Repetimos una y cien veces que los proyectiles recibidos por nuestros buques fueron muchos más, pues de haber sido únicamente los que quedaron marcados, no es posible que los incendios tomaran las proporciones y la rapidez con que se desarrollaron.

Más que las bajas y las averías, pues solo el *Teresa* fue el que las tuvo en un tubo en conexión con la máquina, el incendio ha sido el determinante de la rápida destrucción de la escuadra; pues era imposible permanecer a bordo convertidas las dos cubiertas altas en una inmensa hoguera. Los tres cruceros estaban sobrecargados de madera, y los alojamientos constituían el mayor peligro. Además, con todas las máquinas encendidas los buques adquieren una temperatura tan extraordinaria que cualquier materia combustible está dispuesta a arder con suma facilidad; por esa causa aquellos buques, como todos los de su época, tenían en el incendio su mayor peligro desde el momento en que el combate fuera tan encarnizado que no diera tiempo para acudir instantáneamente donde se declarase.

Para no interrumpir la relación, dejaremos estos detalles para otro capítulo de estudio puramente profesional, y cuya disertación vendrá a aclarar todo lo referente al combate.

Había sucedido lo que estaba perfectamente previsto y no podía menos de suceder: había llegado la hora del desastre a que estaba sentenciada la escuadra por las instrucciones del 7 de abril, y si se quiere, del 29, día de la salida, pues lo demás ya no era sino cuestión de día y sitio en que éste debía tener lugar: allí estaban perdidas las cuatro hermosas naves en que fundábamos la esperanza de una Marina poderosa; allí estaban sus tripulaciones, unas a bordo de los buques enemigos y otras dos en la playa, desnudas, hambrientas, con sus heridos y moribundos al inclemente Sol de los trópicos, mientras sus compañeros, recogiendo el agua malsana de un arroyo próximo en improvisados vasos hechos con las hojas de los árboles, trataban de calmar la sed de su ardiente calentura. ¡Y qué heridas! Todavía recordamos con espanto el horrendo destrozo de los grandes pedazos de las modernas granadas; desde un cabo de mar del *María Teresa*, que tenía 14 heridas, al último alcanzado por el hierro americano, ninguno tenía menos de dos, y de tales dimensiones y caprichosos horrores, que no hay corazón empedernido que pudiera verlo sin conmoverse.

Faltaba allí el valiente comandante del *Oquendo*, mi querido compañero de toda la vida don Juan Lazaga, que con su gloriosa memoria dejará como ejemplo a todos los hombres de mar del mundo la salida del puerto de Santiago y la vuelta al bajo del Diamante, hecha como si se tratara de una salida de todos los días, teniendo ya su buque completamente destrozado y habiendo reventado un proyectil de 20 centímetros dentro de la torre de proa. En estas condiciones despidió cariñosamente al práctico y acabó de sacar su crucero con toda tranquilidad, realizando el acto más admirable de todo el combate.

Faltaban también su segundo. Sola, partido en dos por un proyectil; el tercer jefe, Matos, y los tres tenientes de navío más antiguos, y faltaban hasta 121 individuos, todos muertos, de aquella heroica dotación.

Faltaba el eximio Villaamil, jefe de los destructores, muerto por una granada en el puente del *Furor*; faltaban cinco oficiales del *María Teresa* y cuatro del *Vizcaya*, cuyos supervivientes relataban cómo el pobre condestable Francisco Zaragoza, abierto en canal, pidió un jirón de seda de la bandera que se entregaba a las llamas para contener sus vísceras, y envuelta en ella entregó su alma al Creador; y con lágrimas en los ojos, cómo el joven guardia marina don Enrique Cheriguini, cortadas las dos piernas a cercén, a raíz del cuerpo, después de prepararse como un cristiano, dentro de su tumba, que lo era la enfermería de combate, escribía una carta a sus padres, a los que dedicaba su último pensamiento, sabiendo que Dios recibe en sus brazos a los buenos hijos, y que a reunirse con Él se encaminaba su alma cuando con el postrer suspiro ponía la última letra de su nombre. Faltaba el segundo médico del *María Teresa*, que, sereno y animoso, iba atendiendo a todos en aquella horrenda enfermería de combate, cuyo espantoso aspecto era superior a cuanto horror el hombre haya podido inventar en su fantasía; mis dos pobres y buenos maquinistas; Higinio Rodríguez, el capitán de infantería de Marina, todos, en fin, habían pagado el horrible tributo a los errores ajenos; y todo para dar una fácil victoria al enemigo y dejarle Cuba, Filipinas y España entera a su impune disposición; que si tal sacrificio hubiera sido para bien de la patria, aún nos pareciera poco el no haber muerto todos por su prosperidad y su grandeza.

Rectificadas meses más tarde las listas, descontando los que se salvaron a través del bosque y llegaron a Santiago de Cuba, resultaron comprobados 323 muertos y 151 heridos graves, pues heridos leves hubo muy pocos; es decir, el 22 % del total de las tripulaciones, cifra enorme, sobre todo teniendo en cuenta la proporción de muertos a heridos, tan distinta de lo que suele ser en tierra; y aun con ser tan enorme cifra, teníamos el convencimiento, antes del combate, de que sería mucho mayor, como hubiera sucedido si el incendio no hubiera precipitado la destrucción de los cruceros.

El habernos batido muchas veces al límite del alcance de los cañones de pequeño calibre hizo que cayeran muchas granadas frías sobre las cubiertas de nuestros buques, siendo muchos y repetidos los actos de valor que se registraron de arrojar granadas al agua.

No terminaríamos nunca si tuviéramos que relatar los actos de bravura, de generosidad y de valor de tantos y tantos; pero no podemos menos de referir uno que presencié por mis propios ojos. Abandonado ya el *María Teresa*, cubriendo las llamas hasta la altura de las chimeneas y estallando proyectiles por todos lados, espectáculo imponente cual más, y cuando se creía que no había alma viviente en el barco, apareció un hombre pidiendo socorro, e instantáneamente, sin esperar excitación de nadie, el tercer contramaestre José Casado, diciendo en alta voz «¡yo no dejo morir a ese hombre!», se arrojó al mar; subió por aquellos costados enrojecidos, y despreciando cuanto puede despreciar un hombre, la vida, cogió al que pedía socorro, lo bajó en hombros por el mismo sitio, y trayéndolo a tierra a remolque, llegó a la playa con su preciosa carga, pudiendo a duras penas adivinarse que aquella masa informe era un hombre con catorce heridas, y que seguramente quedó a bordo creyéndolo muerto.

No dudamos que la patria sabrá recompensarle; pero si no lo hiciere. Dios, que todo lo ve y lo oye, oyó sin duda el tributo de admiración de 500 hombres que olvidaban su desventura para admirar la generosidad de otro que se sacudía el agua en la playa como si no hubiera hecho nada de particular.

Por fortuna, y quizá por la multitud de proyectiles que surcaban aquellas aguas, ello es que los tiburones no nos causaron ninguna desgracia; no siendo exacta la novela que sobre esto ha escrito uno de los comandantes de los acorazados americanos; y es tan cierto, que al comunicarnos después nuestras impresiones se ha dado el caso, quizá original, pero perfectamente histórico, de que ninguno de nosotros se acordó de tan grave peligro.

Así terminó esa funesta jornada para España; y si los hombres que a ella nos llevaron hubieran visto en las playas de Santiago de Cuba las tripulaciones del *Oquendo* y *María Teresa* en los linderos del bosque, y la del *Vizcaya* abandonada en medio de un arrecife, todos casi desnudos, llenos de sangre, mientras otros exhalaban allí el último suspiro mirando al mar con el más imponente silencio, como quien busca el camino de España y pregunta ¿esto por qué ha sucedido?; si aquellos a quienes iba dirigida la pregunta, y que quizá se atrevan a disertar sobre ello delante de cualquier asamblea acostumbrados a que la retórica sea para ellos el agua del Jordán, hubieran estado allí ¡Yo aseguro que no habrían contestado!

Capítulo XI. Capítulo profesional

Cruceros y acorazados. Desigualdad de bajas en todo combate naval. Los fogoneros. Carboneras de combate. Las carboneras. El combustible líquido. Cómo deben darse al público los consumos de carbón. Los ventiladores y las cenizas. Las juntas de los tubos y los escapes de vapor. Red de tubería de vapor de las máquinas auxiliares. La temperatura bajo las cubiertas acorazadas. Motores eléctricos y estación central. Luz eléctrica. La red de contraincendios. Los casquillos vacíos. Parques auxiliares. Tiro por andanadas. Parapetos provisionales. Los torpedos. Botes. Torres de combate. Transmisión de órdenes. Las ropas y efectos de las tripulaciones. La faena de hacer carbón y las baterías. Comidas extraordinarias. Los ranchos chicos. La enfermería de combate y sus horrores. Los destructores de torpederos y sus tripulaciones. Dualismo que el telégrafo impone en el mando y cómo podría resolverse en China. Armamento portátil. Heridos. Termina este capítulo

Este capítulo, absolutamente profesional, procuren no entenderlo al revés los que lo lean y no sean marinos experimentados en las cosas de la guerra.

Antes de terminar, creeríamos dejar incompleto todo lo escrito si no agregáramos un capítulo absolutamente profesional, pues basados hasta hoy en conjeturas todos los relatos que se han hecho del combate de Santiago, casi nadie se ha atrevido a aventurar más conclusiones que las ya deducidas de la guerra chino-japonesa; por lo que, como oficiales de Marina, no podemos dejar de expresar las observaciones que nos sugiere la campaña en que hemos tomado parte. Además, para los que lean este escrito bajo el pie de un estudio serio, las observaciones que siguen a continuación completarán el análisis del combate naval del 3 de julio.

Dejaremos aparte el hecho de que los buques no deben llevar madera y que los cruceros tampoco deben batirse con acorazados, contra los que su artillería es impotente; pues nadie nos hará la injusticia de suponer que lo ignorábamos, y hemos dejado bien probado que no fue el almirante Cervera quien cometió el error de ir a las Antillas de *motu proprio*.

§ Ahora bien, tenemos el convencimiento de que en todos los combates navales del porvenir ocurrirá lo que en éste: es decir, que para uno de los contendientes las bajas serán enormes y la destrucción será completa, mientras que el otro resultará casi sin daño. Podrán, en efecto, cañonearse desde lejos dos buques igualmente protegidos; pero desde el momento en que por una avería, o por sus condiciones, se determine la ventaja por uno de ellos, los repetidos golpes de la artillería de tiro rápido, aumentando el daño sin dar tiempo al remedio, y afirmando la seguridad del vencedor a medida que el contrario pierde los medios de revolverse, hará que los combates presenten siempre caracteres de desigualdad en los daños recibidos, que no se explicarían en una batalla en tierra.

§ Positivamente el punto más débil de nuestra escuadra fueron las máquinas, y especialmente los fogoneros. Recordamos sobre esto que nos impresionó hace tiempo un artículo del almirante Freemantle, que decía que en el día del combate ni las máquinas ni los fogoneros darían el resultado que de ellos se esperaba; teoría que supe confirmada por uno de los jefes del Estado Mayor de la escuadra inglesa que bombardeó a Alejandría, que me manifestó que en alguno de aquellos buques hubo que poner patrullas de infantería de Marina en las bocas de las escotillas para contener a los fogoneros abajo, donde no corrían algún peligro.

De los nuestros afortunadamente no desertó ninguno de su puesto; pero con las diez calderas encendidas los buques anduvieron menos que en circunstancias ordinarias y funcionando solo una parte de los generadores. Envuelve esto grandes problemas respecto al personal de maquinistas, a los que atañe directamente la responsabilidad, tanto más, cuanto que había un número considerable de ellos en cada cámara de calderas; por consiguiente, es preciso resolver el problema de reforzar la moral sin sobrecargar de oficiales las dotaciones, puesto que los dos maquinistas oficiales son indispensables para las máquinas principales; y como reconocemos que no hay nada más imponente que la cámara de calderas, incluso los mismos pañoles de municiones, y que no hay nadie que necesite más valor que un fogonero metido en una carbonera oscura y silenciosa como una tumba, tenemos la seguridad de que, si no se halla solución a este problema, ocurrirán muchos desengaños, menos en casos de tan inmensa superioridad como tenían los buques americanos, en los que, bajo las cubiertas protectoras no había más peligro que el de morir de viejo. Bajo ese punto de vista y otros de que hablaremos más adelante, es indispensable que los buques tengan carboneras dispuestas de modo que puedan reservarse y que en combate no sea necesario que haya nadie dentro de ellas. En la relación del maquinista del *Oregón*, que nos parece muy sensata, habla de *fighting bunkers*, o sean carboneras de combate; y si esto es así, y, tal como se dice, en ellas cabían algunos centenares de toneladas de carbón, el solo hecho de poder tener reservado un carbón escogido, y tenerlo además a mano, no tener que meter a nadie dentro de las carboneras, y poder tener así a todos los fogoneros vigilados y disponibles para las calderas, son condiciones tan notables, que los constructores, por esto solo, pueden reclamar una parte principal en el éxito de aquel buque. Por consiguiente, dicho se está cuál es nuestro modo de pensar sobre el particular.

En nuestros buques de guerra, como en todos los del mundo, las carboneras están sacrificadas a teorías de defensa más que al servicio de la máquina; no hay más medio de tomar el carbón que a medida que va saliendo de la boca de la carbonera, y si se quiere reservar alguno hay que tenerlo en sacos, pues las carboneras sobre la protectora suelen tener la salida por las de abajo; además de que, apenas se consume el primer combustible que está junto a la puerta de salida, hay que acarrearlo por entre carboneras sinuosas llenas de tirantes y angulares de hierro, de tal manera, que son muy pocos los buques de guerra, si es que hay alguno, que pueda aguantar veinticuatro horas su máxima velocidad, porque no hay medio de sacar el carbón necesario de las carboneras y ponerlo en cantidad suficiente a la boca de los hornos.

Aunque no tenemos el menor conocimiento práctico del uso del combustible líquido, se nos ofrece que pudiera ser ésta una solución para el combustible de combate, que dejaría muchos brazos libres y evitaría el problema de las cenizas, de que nos ocuparemos a renglón seguido.

§ Los constructores navales, cuyas compañías suelen ser las dueñas de los Parlamentos y de la prensa de sus respectivos países, hacen un verdadero juego de cubiletes al tratar de los consumos de carbón, discurriendo muy oportunamente sobre lo que consume el caballo-hora, que es una cifra que a la opinión pública no dice nada; por lo que creemos que por instinto de conservación debían todas las Marinas reñir con clasificación tan científica, y decir sencillamente: para un desarrollo de 10.000 caballos se necesitan en teoría unas 220 toneladas de carbón y en la práctica 240 lo menos, con lo que el andar en aguas azules sería de tantas millas, y aparecería bien claro que un buque, cuya carga regular son 600 o 700 toneladas, no puede sostener este andar más que muy pocas horas; pues apenas el carbón se vaya alejando de las aberturas de salida a la cámara de calderas, no hay medio de sacar de ellas el combustible necesario para aquel desarrollo de fuerza. Y no hablemos de tiro forzado, pues entonces en muchos casos casi se duplica el consumo. Se imponen, pues, las carboneras de combate como una dificultad más a las muchas que ya tiene que resolver el desgraciado constructor naval.

§ Por referirse también al carbón trataremos de los ventiladores, cuyo uso en la práctica es muy difícil, por el carbón y la ceniza que arrojan por el aire, haciendo imposible la vida en la cámara de calderas. Ese carbón escogido que se emplea en las pruebas, partido en trozos perfectamente regulares que parecen hechos a molde, no es el carbón ordinario que ha sufrido dos o tres transbordos y tirado después, pisoteado y removido antes de llegar a la cámara de calderas. Allí una buena parte es una masa de polvo que los ventiladores lanzan por el aire, haciendo la vida imposible; si además se han sacado cenizas candentes: o hay que parar los ventiladores, o no hay medio de vivir en una atmósfera que toma un aspecto sólido, de la que una buena parte está ardiendo.

Se impone, pues, en primer término que los ventiladores vayan directamente a los hornos, y que haya aparatos automáticos para la extracción de cenizas, pues el carbón es inevitable que tenga polvo y que haya que amontonarlo delante de los hornos antes de cargar éstos.

Se nos dirá, como ya se nos ha dicho varias veces: «Y al *Oregón*, ¿no le ocurría lo mismo?» Contestaremos de un modo muy sencillo, y es que para el *Oregón* el combate era sencillamente un ejercicio; que las máquinas de los otros grandes acorazados americanos lo hicieron excesivamente mal; que el *Brooklyn*, cuya velocidad debían ser 22 millas, no pasó de 13.06 centésimas, y el *New York*, de 21 millas, solo alcanzó 11.06 (páginas 541 y 542 del escrito que hemos citado), y eso que hay una enorme diferencia en la situación de ambos combatientes, pues por nuestra parte mal podíamos sacar cenizas, cuando los buques estaban hechos una inmensa hoguera, y ni a eso podía atenderse.

§ Uno de los defectos capitales de nuestros buques eran las juntas de los tubos, los que perdían apenas se llegaba cerca de las 125 libras de presión; y como para funcionar a toda velocidad había que pasar bastante de esa presión y, por consiguiente, hacer averías, y con esas averías promover un escándalo ante esa opinión pública inverosímil que califica de carena cada vez que un buque va a dique, de ahí un círculo de hierro del que nosotros no pudimos pasar nunca y del que es preciso pasar, so pena de que, al estar frente al enemigo, se presente el horrible problema de, una de dos, o no forzar la máquina, o exponerse a averías que dejen al buque inutilizado: con lo que no venimos más que a decir sino que es indispensable ensayar el tiro forzado y hacer las averías que sean precisas; debiendo constar, para enseñanza de todos, que el único buque que así lo había hecho en ambas escuadras enemigas era el *Oregón*, cuyo andar nos fue tan fatal.

Y aun corriendo el riesgo de parecer pueriles, no ofenderemos a nadie diciendo que nos sorprendió de un modo extraordinario el efecto de un pequeño salidero de vapor en una junta que durante un largo rato hizo imposible ver y respirar debajo de la cubierta protectora, siendo el vapor seco de las calderas modernas, que quema los pulmones como si se respiraran llamas, un enemigo de cuya importancia no hay en muchos casos un exacto conocimiento, por cuyo motivo dichas juntas debieran ser todas elásticas, o preverse este peligro inventando algo mejor que lo que hoy se conoce.

§ Como otros tantos buques que navegan por el Océano, los cruceros nuestros tenían la tubería auxiliar en una sola red, sin más válvula de incomunicación que la de la salida de la caldera; de modo que si se averiaba el silbato de vapor, por ejemplo, había que parar torres, ascensores de municiones, cabrestantes, luz eléctrica, en fin, todo, menos el servomotor del timón, que tenía una tubería especial e independiente. De estos tubos, el único que tenía válvula de incomunicación era el tubo de vapor de la bomba de achique; pero que, en lugar de tener esa válvula debajo de la cubierta protectora, estaba colocada como un metro sobre ella.

Durante nuestra permanencia en Santiago se pusieron tapas ciegas a toda la tubería que salía sobre la protectora, con lo que nos quedamos sin chigres para las cenizas, sin silbatos, sirena, y aun sin cabrestantes y pluma de la exploradora, que cada vez que funcionaba irrogaba una verdadera faena, no exenta de peligro al tener que destapar su tubo de vapor. Resultado: que faltaban esos elementos cuando más falta hacían, recargando de enorme fatiga a la marinería cuando hacía precisamente más falta que estuviera descansada.

Como es consiguiente, el gran tubo de vapor de la gran bomba de achique quedó como estaba; pero roto durante el combate, fue sin duda el elemento decisivo de la pérdida del *María Teresa*, pues el escape del vapor hizo bajar el andar de tal modo, que equivalía a la renuncia de toda salvación. Difícil es poder colegir cuál fue la causa de la rotura de ese tubo de vapor, pues, según la información que hice al efecto después del combate, aparece que fue un proyectil, a pesar de que nadie puede atestiguarlo, pues los que estaban en el sitio perecieron todos, ya muertos por las dos granadas de 13 pulgadas que allí reventaron, o asfixiados por el vapor. Yo me inclinaba a creer que hubiese sido la causa de la rotura la conmoción consecuente a la explosión de aquellas dos granadas; pero de dicha información aparece más bien que no, y que la conmoción, que en el puente se sintió como si hubiese explotado un pañol, debió romper algún tubo de la máquina de estribor, pues el vapor salía directamente de la cámara de máquinas antes de romperse el tantas veces citado tubo de vapor de la bomba de achique, lo que quizás pueda también explicar la muerte del oficial maquinista don Juan Montero, jefe de la máquina, del que no se tuvo más noticia, y que debió perecer por el vapor de los tubos del compartimento de estribor en que tenía su destino.

Muchos son los buques que se hallan en estas condiciones, siendo indispensable que en todos los de guerra donde no puedan utilizarse motores eléctricos haya válvulas de incomunicación en todos los tubos de vapor, y que esas válvulas estén debajo de la protectora, y hasta en la separación de cada mamparo estanco y en toda unión de varios ramales; pues no hay que olvidar que la misión de los buques de guerra es el destrozo, y que, por consiguiente, si no se prevé esta contingencia, las máquinas auxiliares resultan inútiles precisamente cuando más falta hacen.

§ En relación con cuanto hemos dicho del vapor y de sus accidentes está la temperatura inverosímil que hay dentro de los buques de guerra cuando funcionan todas las máquinas, tal, que entendemos que uno de los problemas más urgente es el de la ventilación, pues sin ella en muchos sitios la vida es imposible, y siempre la vida de los hombres será lo primero en todas partes. Por esto mismo creemos que los motores eléctricos se han de generalizar mucho más donde quiera que tengan aplicación; con lo que puede tenerse una estación central debajo de la protectora, en la que, lo mismo que donde haya un tubo de vapor, es preciso buscar el medio de disminuir la temperatura a cualquier costa. Es cierto que los motores eléctricos implican un considerable aumento de peso y espacio, que hay que robar al ya tan reducido de debajo de la cubierta protectora; pero la vida es lo primero que es necesario para combatir, y ante esa necesidad no hay más remedio que hacer un uso prudente de aquellos motores donde convenían.

A bordo del *María Teresa* murieron sofocados por la temperatura el condestable y el artillero del pañol de granadas de popa, que se sepa: y no es aventurado asegurar que la misma causa ha de habernos causado más bajas, así como en la escuadra americana, según se lee en alguno de sus partes.

Esa alta temperatura es el primero y gran peligro de incendio; y como la disminución de efectos combustibles tiene un límite, como veremos a renglón seguido, insistimos en lo dicho sobre los peligros que consigo trae este exceso de calor.

§ El alumbrado eléctrico, que ha hecho la vida posible debajo de las cubiertas acorazadas, ofrece el riesgo de pasar, en combate, de la claridad a la mayor oscuridad, con todos los peligros que esto trae consigo en momentos tan críticos; y si bien en todos los buques hay un alumbrado de respeto para el caso de faltar la luz eléctrica, no es lo suficiente intenso para el objeto en tales momentos; tanto más, cuanto convendría estudiar si en combate sería mejor no usar el alumbrado eléctrico en muchos lugares, no solo por aquel motivo, sino por la necesidad de ahorrar vapor y aun personal si pudieran dejar de funcionar algunos dinamos. Así ocurrió en nuestros buques, que, al incendiarse lo primero la parte de popa donde estaban los dinamos, vino la oscuridad relativa a aumentar los horrores de la situación.

Siguiendo con el sistema eléctrico, sería también fácil comunicar los conmutadores de los proyectores con una caja de resistencias debidamente combinada, de modo que no hubiera que parar los dinamos con tanta frecuencia, cuando se hace uso intermitente de aquéllos, o que se pudiera ocultar la luz mejor que en los actuales proyectores, que, por cubiertos que estén, descubren su presencia a gran distancia.

Y del mismo modo es convenientísimo el uso de los aparatos directivos, que permiten manejarlos desde el sitio en que esté el comandante, lejos de aquéllos.

§ A bordo de los tres cruceros, y durante el combate, se habían abierto todas las tuberías de contraincendio, y las bombas funcionaban de modo que estuviesen completamente anegadas las cubiertas, hasta que en el *María Teresa*, en el *Oquendo* y *Vizcaya* se partió en dos el tubo principal, y esa poderosa columna de agua caía sobre las calderas, produciendo hasta alarma, en lugar de ir a apagar los fuegos de arriba.

De la información resulta que fue un proyectil el que partió el tubo del *María Teresa*; pero nos inclinamos a creer más bien que debió ser por falta de válvulas de escape debidamente colocadas y aumento de presión por cualquier incidente, como haber cerrado las salidas o haberse atorado varios tubos por cualquier accidente. Respecto al *María Teresa*, pudo también haber sido la conmoción de las granadas que estallaron en la popa; pero nos inclinamos a creer más bien en la falta de buenas y suficientes válvulas de escape en la tubería que evitasen todo exceso de presión.

Esta tubería, y casi todas las de los buques, es hoy un verdadero rompecabezas que requiere dedicar a ello personas que no se ocupen de otra cosa, nada más que para saber dónde están todas sus válvulas y registros; y, a nuestro juicio, es indispensable terminar de una vez con esa complicación, y aunque cada cosa no sirva más que para un objeto, que tenga la sencillez que se requiere a todo lo que está llamado a prestar servicio en medio del destrozo y de la muerte.

§ Una de las cosas que más pronto se averiaron en los tres cruceros fueron los ascensores de las municiones de 14 centímetros, de las que cada uno subía cinco proyectiles a un tiempo, con su carga completa; aparatos muy pesados y combinados de modo tal que, inutilizado uno, quedaba también el compañero fuera de combate. En el *Teresa* se inutilizaron todos por el fuego enemigo, y uno cayó cuando subía cargado, reventando una granada de las nuestras en el descenso, incendiando aquel sitio, pero milagrosamente sin volar el pañol; repitiéndose el milagro momentos después en el mismo pañol de granadas con otro proyectil enemigo de seis libras, que reventó sin causar daño alguno. Los ascensores de municiones, su llegada hasta la pieza y el trayecto de los pañoles es una combinación tal, que no es posible ser herido por un proyectil en un crucero sin protección sin que quede inutilizada la artillería; por consiguiente, es absolutamente indispensable la subdivisión, aunque sea a costa de llevar menos artillería; si no, los buques quedarán sin poder hacer fuego con solo un proyectil que los alcance. Además, en general, opinamos porque los ascensores no estén combinados, sino más bien que cada uno tenga un contrapeso, si fuere preciso, de modo que las averías se localicen.

§ También está sin resolver en los buques el modo práctico de manejar los casquillos metálicos que salen ardiendo de los cañones, y que, si quedan en cubierta, son efectos que al contacto de un proyectil pueden ir por el aire y convertirse en auxiliares del enemigo.

A bordo de nuestros buques se colocaron sacos mojados para que los artilleros pudieran recoger esos casquillos; los de la artillería de 14 se arrojaban dentro de las batayolas y algunos al agua, y en el *Colón*, dentro de los *cofferdans*, que estaban muy bien colocados para el objeto; en las baterías bajas estorbaron mucho, a pesar de que bastantes fueron al agua; siendo éste un punto que no sabemos que esté resuelto en ningún buque de guerra, y que, sin embargo, es preciso resolver.

§ Como la artillería de tiro rápido de pequeño calibre, de 75 y 57 milímetros (12 y 6 libras), no es fácil que esté en casamatas ni que tenga ascensores directos a la pieza, y como tampoco puede llevárseles las municiones una a una, sino en cajas, creemos de necesidad el que en sitio conveniente haya una especie de cajas de acero de bastante espesor donde meter las de madera en que vienen esos proyectiles, y evitar así el inminente peligro de que estallen por cualquier casco que les alcance. Quizá una de las paredes interiores pudiera hacerse más delgada, para dirigir la explosión hacia el sitio que convenga, sobre lo que no sería difícil hacer experiencias; con lo que se conseguiría, sobre todo, aumentar la fuerza moral de todo el personal destinado en dichas baterías.

§ Nos parece igualmente que en los combates navales, y cuando el enemigo esté a más de 1.000 metros, la cuestión de las distancias hará volver al tiro por andanadas. No basta que los oficiales se multipliquen, ni que, siendo conocido el enemigo, tuviera cada uno un pequeño telémetro para medir la distancia a él, pues la movilidad en un combate naval, y el hecho de que no pueda haber un oficial por cañón, hace necesaria una organización de este servicio muy distinta de la que hoy existe, empezando porque la situación en que es preciso colocar un telémetro Barr and Stroud le dará de vida los pocos segundos que vivió el único de esta clase que tenía la escuadra y que estaba a bordo del *Vizcaya*.

§ Siguiendo con las baterías, diremos que en las nuestras se colocaron colgadas, y formando una especie de parapeto entre cañón y cañón, todas las camas de la marinería, y que estimamos que deben habernos evitado algunas bajas.

§ De la experiencia hecha en Santiago, y en otras campañas, precisamente de las que por su índole parecía que debían dar ocasión para emplear la artillería de desembarco, deducimos, por el contrario, que la utilidad de aquellas piezas es muy problemática.

En efecto, el contingente de desembarco es hoy tan insignificante, aun en los buques de mayor dotación, que sin animales de arrastre todo ese personal sería insuficiente para servir las dos piezas que usualmente llevan los buques mayores; así es que, en la práctica, siempre hemos visto usar las compañías de desembarco como infantería, en cuyo servicio la agilidad y la personalidad del marinero puede prestar grandes servicios si no se le saca de lo que debe ser.

No es precisamente el objeto de estas líneas hacer constar nuestra opinión de que consideramos los cañones de desembarco como una de tantas cosas que van a bordo por fuerza de la costumbre, ocupando un espacio considerable, sino que creeríamos ese espacio mejor aprovechado con algunos montajes para desembarco de piezas de 57 o 37 milímetros, automáticas, para servir de piezas de posición. Nuestra experiencia ha sido siempre la de que el mejor auxilio al ejército ha sido de artillería de mayor calibre, como lo hubiera sido en Santiago, que no es siempre fácil que dispongan de ella fuerzas destacadas, con que suele operar la Marina, y para cuyo auxilio la dificultad son los montajes; pues hoy los de a bordo son totalmente imposibles de instalar en tierra sino con obras que requieren bastante tiempo. Una vez desembarcadas e instaladas, pueden servirse con muy pocos marineros, y no como las otras, que se supone han de ir con cualquier columna.

§ Seguramente una de las cosas que los técnicos irán a buscar con más empeño en este capítulo es el cómo se resolvió la cuestión de los torpedos.

El almirante dejó que cada comandante resolviera el asunto según su criterio. Exceptuando el *Colón*, que los tenía protegidos por coraza y del que no nos ocupamos, los otros tres cruceros cada uno hizo una cosa diferente. Uno los llevó completamente listos, con sus puntas de combate inclusive puestas; otro llevó en su lugar las cabezas de algodón pólvora húmedo y los torpedos presentados en los tubos, pero sin los pistoletes, y el tercero tenía fuera de pañoles, pero debajo de la protectora, las cabezas y puntas completamente listas (que en ejercicio se colocaban en dos minutos), llevando los torpedos sobre las tejas de carga.

Esta divergencia de opiniones en materia de tanta trascendencia, es una prueba más de que el asunto tiene muchos pros y contras; y como ya está hoy resuelto en todas las Marinas del mundo, optando decididamente por los tubos submarinos, diremos solamente que creemos que aquellos buques que aún los tienen sin que los tubos de lanzar estén debidamente protegidos, sería más prudente que redujeran el número de tubos, y se empleara el peso en un buen trozo de coraza; por más que, en general, creemos que los torpedos son para los torpederos, y nada más.

§ Una de las cosas que necesita más urgente solución en los buques de guerra es la cuestión de botes para combate. No es posible que un gran acorazado cargado de gente, y es de suponer que de gente mutilada después de la acción, no tenga más medio de salvamento que el arrojarse al mar a buscar muerte peor para algunos. Nosotros creemos que botes con sus fondos sólidos, ya de corcho, ya de madera ligera, que flotara aun con las costuras abiertas, aunque sea entre dos aguas, y colocados de modo que sin arriarse se pudieran arrojar al mar, sería un socorro de que no debe prescindir ningún buque ante la posibilidad de circunstancias de que nadie puede asegurar que ha de verse libre. Estos botes deben ir colocados de babor a estribor, de modo que, levantados fácilmente por una cabeza, fueran rápidamente *arrojados* al mar, en el propio sentido de la palabra.

Los botes, como otras muchas cosas, no están preparados para la guerra, y en nuestros buques no hay un solo bote que lleve anguilas, como para abordar la costa con alguna mar, a pesar del ejemplo de todo nuestro cabotaje; olvidando que, apenas se declara una guerra, los puertos y los muelles son ya un mito para la Marina militar.

En Santiago, el *Vizcaya* salvó un bote sin herida del enemigo y sin aventarse; lo que ahorró grandes penalidades a los pobres heridos y a muchos que no sabían nadar; el *Oquendo* salvó las dos planchas de limpieza del costado, que le sirvieron para tender una guía a tierra y salvar por ella mucha gente; yo cometí el gravísimo error de tirarlas al agua a la salida, y materialmente hechos añicos los botes, no se pudo tender la guía hasta que vino un bote americano, con no pocos sufrimientos y tribulaciones en el intermedio; pues un bote de vapor salvavidas que parecía bueno y se echó al agua, zozobró enseguida y fue causa de nuevas víctimas.

Estos botes que aquí indicamos, por poco útiles que fueran, son necesarios, aunque tan solo sirvieran para aumentar la fuerza moral de las tripulaciones, y añadiremos, para terminar, que los que teníamos y estaban colocados sobre los baos no consta que hayan sido causa de especial perjuicio, a pesar de los grandes daños que de ellos temíamos.

§ Las torres de combate para el comandante, tal como hoy están, son un abrigo admirable para atacar una plaza a pie firme, y cuando aquélla no tenga torpederos ni defensa móvil alguna; pero para maniobrar un buque de grandes dimensiones, seguido de otros varios, o si se puede ser atacado por torpederos, y cuando hay la costumbre de manejarlo desde puentes elevadísimos, es casi imposible estar en ellas; a lo que si se agrega que dentro tienen que estar los timoneles, dos hombres para las órdenes de la máquina, oficiales para tubos acústicos y torpedos y el oficial de derrota, son una masa de carne que hace imposible el moverse y que ahogan de tal manera que, ante la inmensa responsabilidad que sobre uno pesa, no hay más remedio que mandar la torre a paseo para poder dirigir el combate.

Trae esto el gravísimo peligro de la casi segura destrucción del comandante, al que se debe proteger en cuanto sea posible; pues en esos momentos solemnes el relevo por sí solo es un desastre; así que entendemos que, al igual que se ha hecho con los buques, hay que disminuir el espesor del blindaje de las torres y agrandarlas, o colocar, por lo menos, unos parapetos blindados a los costados del puente; y si la torre de combate pudiera ser un sitio de navegación ordinario, se habría ganado mucho en su utilidad.

De todos modos, es preciso que desde ellas se domine alguna bitácora, que pueda extenderse algún plano y, sobre todo, que tengan el diámetro suficiente para que las chimeneas y la superestructura no quiten la vista a popa. Algunas torres mayores de lo ordinario hemos visto en buques muy modernos; pero, a nuestro juicio, hay que ir aún mucho más allá.

Y de paso diremos que esas superestructuras, que muchas no son sino olvidos de los constructores, necesitan moderarse de un modo verdaderamente enérgico, pues constituyen lo más antimilitar de los buques modernos.

§ Las transmisiones de órdenes y tubos acústicos deben probarse en días de ejercicios de cañón y en momento que hagan fuego todos los buques, en cuya ocasión es posible que quede demostrada la inutilidad de todos ellos.

Para las baterías, lo más útil nos fueron las cornetas; pero con las máquinas tuvimos que suprimir toda comunicación por temor a malas inteligencias.

A nuestro juicio, aunque todos los tubos se sacrificasen a uno para la máquina, tubos de mayor diámetro que los en uso hoy, con alguna sustancia aisladora que dejara bien asegurada la comunicación, sería un sacrificio bien empleado.

§ Hoy se hacen grandes sacrificios para quitar de los buques toda materia combustible; pero no pueden quitarse los equipajes de la tripulación, que en este terreno, y como impedimenta, son un estorbo colosal.

Hay que tener en cuenta que el equipaje del marinero es por sí solo mayor que el de cualquier general de ejército en campaña, y el de los oficiales y clases superiores, siendo como deben ser proporcionales, constituyen una masa de combustible de un peligro positivo.

No falta quien, queriendo extremar los argumentos, quisiera suprimir camarotes, cámaras, taquillas, etc., creyendo con ligereza que esto se hace sencillamente para comodidad de las tripulaciones, cuando es absolutamente imposible prescindir de ello; pues al acumular tan crecido personal en tan poco espacio sucede lo mismo que en una botica para instalar un millar de frascos, que si no se tienen los debidos estantes para ir colocando cada uno en su sitio, resulta el caos, que es peor que todo. Sin entrar en detalles que alargarían este escrito, recordaremos que en cierta ocasión en que se me dio el mando de un buque y quiso el ministro de Marina, que me honraba con su amistad, hacer un experimento de este género, exceptuándome a mí, afortunadamente, que tenía mi pequeña cámara, fue tal el desorden que resultó, que si relatáramos lo sucedido parecería un sainete impropio del buen deseo con que fue dictada la medida, y, sobre todo, cuando nuestro objeto es no molestar a nadie. Añadiremos únicamente que las circunstancias del buque me permitían renunciar al mando, y así lo hice, a menos que se colocara a cada uno en su sitio; pues el desorden que resultaba era tal, que no ya la disciplina, sino hasta la seguridad de todos peligraba.

Consideramos, pues, indispensables los alojamientos; y lo que procede es, al temerse una guerra, dar orden de aligerar los equipajes. Los jefes y oficiales deben quedarse solo con el uniforme de diario, bastando con que uno o dos oficiales del Estado Mayor queden con el medio uniforme; quedarse con los libros e instrumentos precisos y prohibir en absoluto toda ropa de paisano; en una palabra, limitar el equipaje a un baúl y a una manta de viaje. Cosa análoga debe hacerse con el de las clases y, si es posible, con el de la marinería, y, sobre todo, hacer esto práctico, dedicando en los arsenales un almacén, a cargo, si fuera posible, de un condestable o contramaestre que deje el propio buque, y que, mediante cartas y sin papeles oficiales, pudiera cada cual disponer de lo suyo.

Esta medida es tanto más indispensable cuanto que en operaciones hay que hacer constantes transbordos de oficiales, de marinería, de heridos y enfermos, y hasta de equipaje de muertos, y resulta una perturbación; empezando porque las tripulaciones de los torpederos tienen empachados los buques mayores, porque en los suyos no cabe nada.

Esta medida tiene que ser reglamentaria y de carácter taxativo y obligatorio; pues no siendo así, aparecería como un deseo de salvar lo propio, y no faltarían nunca malas lenguas que lo glosaran en la prensa y en todas partes, y hasta pudiera aparecer como un anuncio de ruina, cuando es realmente una medida estrictamente militar el desembarazarse de todo para el combate; pues en los buques modernos debajo de la protectora no cabe nada, nada, absolutamente nada; afirmación que es preciso hacer en estos términos para tantos como hablan de los buques de guerra sin haberlos visto más que pintados en *La Ilustración*.

§ Vamos a tratar de la faena de hacer carbón, que no hemos agrupado con lo tratado sobre las máquinas, pues, a nuestro juicio, tiene otro aspecto bajo el punto de vista militar.

Ya sabemos nosotros que en otras Marinas más afortunadas esto se halla mejor estudiado, a pesar de que los buques que hemos adquirido en el extranjero no han traído ninguna novedad, y casi las experiencias que hasta hoy se han hecho se refieren, más que a nada, al modo de embarcarlo deprisa.

Por nuestra parte, creemos que es indispensable que a cualquier costa se haga el carbón por los costados, aun teniendo que modificar las planchas de blindaje; pues cuando el carbón se hace como hoy, por las cubiertas, hay que guardar las armas, tapar cuidadosamente los cañones, tapar igualmente todos los aparatos delicados, es decir, desorganizar las baterías y hallar luego todo impregnado de carbón, expuestos a que muchas cosas no funcionen; y como en campaña se hace carbón todos los días, ocasiona esto una fatiga y un desorden constante contrario a todos los principios militares.

Mientras se hace carbón, y acabado de hacerlo, las baterías están en malas condiciones para un combate inmediato, y si se lavan al anochecer, la marinería duerme sin el debido descanso; por lo que insistimos en lo dicho, que creemos ha de resultar evidente para todos los oficiales de Marina.

Del mismo modo, los buques modernos no tienen por la parte exterior un número de pescantes debidamente instalados, de manera que no solamente se pueda tomar rápidamente el carbón de las barcazas, sino que de este modo no se cause desorden dentro del buque, donde conviene conservar las baterías diáfanas y sin estorbo alguno.

§ De paso diremos que el sistema adoptado en nuestros buques fue el que de noche la mitad de las camas sirvieran de parapeto, y la otra mitad, sin desaferrarlas, servían de almohada a las brigadas francas, que en esa forma descansaban. En clima frío seguramente hubiera habido necesidad de proceder de otro modo para conservar la salud del equipaje.

§ Ya en otra ocasión, y oficialmente, sostuvimos la necesidad de que en tiempo de guerra se diera un rancho a medianoche; lo que consideramos de todo punto indispensable para los fogoneros y para las tripulaciones de torpederos y destructores, a los que hay que sostener a fuerza de un plus de alimentación.

Durante esta campaña el almirante obtuvo del Gobierno que se diera un pequeño plus a los fogoneros, con lo que se les daba un rancho a medianoche.

El asunto es tanto más fácil de resolver, cuanto no hay ninguna razón para que no se dé a la Marina el plus de campaña que disfruta el Ejército; advirtiendo que nuestra opinión es que en este rancho de noche debe incluirse a todo el mundo, incluso oficiales; pues especialmente la clase de contramaestres y asimilados, son los que por sus escasos sueldos pasan más apuros en tiempo de guerra.

Por último, sin separarnos del fondo de la cuestión, diremos que la experiencia adquirida en Santiago de Cuba desde que empezaron las escaseces, y dado el modo independiente de ser como tenemos organizados los ranchos chicos, que cada uno podemos decir que vive por su cuenta, nos induce a pedir que el jefe superior tenga la autorización legal por ordenanza para poder mandar a todo el mundo al caldero cuando lo considere conveniente, incluso a los oficiales en caso extremo y de absoluta necesidad; pues estos ranchos son hoy numerosísimos, y como cuando se ven apurados acuden a la despensa, aunque se les imponga tomar raciones enteras, hacen imposible todo cálculo de los víveres con que se pueda contar.

La única solución es enviarlos imperativamente al caldero; pues aunque se comprometan los contramaestres, por ejemplo, no pueden pagar el barril de harina a 20 y 25 pesos oro, a que llegó muy pronto en Santiago, y acuden a pedir socorro, precisamente cuando el conflicto es grande, para hacerlo mayor; y aunque se les eche un sermón en sí bemol y se les diga que se mueran de hambre, como no puede pasar de ahí, y hay que darles de comer, se viene siempre al resultado de que los víveres en despensa representan apenas poco más de la mitad de días de los que serían si fuera solo para la marinería.

Ya sabemos que otras marinas lo tienen organizado de otro modo.

§ ¡La enfermería de combate! Nada más imponente y grandemente horroroso que una enfermería de combate en un día de batalla. Necesité de toda mi autoridad, cuando llegué a ella en brazos de mis portadores, para que mi voz impusiera el orden y el silencio, que en vano trataba de dominar el valiente alférez de navío don Ramón Rodríguez Navarro, encargado allí de la conducción de municiones. Los heridos en todos los buques rehusaban bajar a la enfermería, cuya difícil salida les aseguraba la muerte más horrorosa, caso de averías: la impresión es la de que, estando moribundo, bajen al hombre aún vivo a la tumba, donde hay un horrendo montón de muertos esperando al que llega: en el *Vizcaya*, parte de los heridos hubo que instalarlos en la batería, sin más protección que el socaire de la torre, en cuyo sitio no sufrieron mucho, gracias a que las proas padecieron poco. En el *Oquendo* se instaló en su sitio, sobre la quilla, y así fue que allí quedaron algunos moribundos al inundarse de humo los bajos: y en el *Teresa* se instaló en la plataforma de proa, bajo la protectora, pero en medio de las bombas de comprimir y de la conducción de municiones, gracias a lo que, y al valor de los médicos y del anteriormente citado oficial, no quedaron abajo más que cadáveres.

De todos modos es preciso que se piense en necesidad que tanto puede influir en la moral de las dotaciones, y que, prescindiendo de toda defensa y cualquiera que sean los peligros, la enfermería de combate tenga una escotilla grande, con una escala capaz para que por ella puedan bajarse cómodamente los heridos, y que en ella vean éstos, o crean que hay, esperanza de salvación. De poderse colocar sobre la protectora en buques protegidos, ya sea en lugar aplicado a otro objeto y desmontable en el momento, será una gran medida de efecto moral indudable, y puede asegurarse que, exceptuando en bombardeos y casos que no sean propios combates navales, los heridos preferirán correr el riesgo de nuevas heridas a enterrarse, imposibilitados de moverse, allá donde con plena salud y en tiempo de paz sienten malestar hasta los que tienen la costumbre de vivir en esos antros.

134

El *Cristóbal Colón* tenía la enfermería de combate muy bien instalada en lo que era taller de los maquinistas en la batería, y, poco más o menos, así debiera estar en todos los buques.

§ No terminaremos este capítulo sin dar nuestra opinión sobre los destructores, en los que si bien no hemos estado a bordo en momentos de combate, los conocemos lo bastante, por haber formado parte de la escuadra, para que se hayan afirmado las ideas que teníamos sobre dichos buques.

En primer lugar: los destructores de torpederos son lo que su nombre indica, y no debían emplearse para otra cosa, a pesar de lo que seguramente se emplearán siempre para todo; pues en la guerra se emplea todo lo que se tiene a mano.

Hay que tener en cuenta que estos buques están en las condiciones en que estaría un hombre en que todo su cuerpo fuera corazón, y que no podría, por tanto, recibir herida que no fuera mortal; y como los buques presentan mucho blanco, dicho se está que nuestra opinión es que, como no sea contra torpederos, cuya poca estabilidad de plataforma les hace muy inseguros para el tiro, muy pocas veces podrán acercarse a los buques mayores; y aun para los mismos torpederos consideramos muy dudoso que puedan llegar a ellos, si éstos cuentan con artilleros de alguna serenidad.

De todos modos, sentamos nuestra convicción de que estos buques no servirán para nada como tres meses antes no se les haga salir de puerto todos los días, con toda clase de tiempo, hasta que sus tripulaciones se hagan al buque, desde el comandante al último fogonero; y si en ese tiempo pudieran ocasionarse averías de máquina, vale más un buque averiado en el arsenal que echado a pique o en poder del enemigo.

No compartimos la opinión de los que creen que con las dotaciones de los buques grandes deben irse relevando a las de los destructores; pues los marineros de los buques grandes no están en condiciones para servir en los torpederos hasta después de algún tiempo de navegar en ellos, y los de los torpederos, aun después de dormir cuatro días seguidos, se consideran víctimas, no quieren hacer nada y solo sirven de estorbo donde van. Cada cual debe correr la suerte que la casualidad le ha deparado, y las tripulaciones de *destroyers* y torpederos no deben tener la esperanza de que, mediante un relevo o fingido cansancio, puedan rehuir el riesgo del destino que tienen; y esto lo consideramos tanto más necesario, cuanto que suponemos que en las otras Marinas ocurrirá lo que en la nuestra, que como en tiempo de paz los torpederos estañen los Departamentos, suelen albergarse en ellos años y años una porción de marineros, artilleros y fogoneros que sientan plaza de canónigos, que van a todos los ejercicios, que los conocen perfectamente; pero que en cuanto se trata de salir a campaña o alejarse de sus familias, no se encuentra uno, como si la tierra se los hubiera tragado.

Nuestra opinión es que estos buques deben ponerse de día lejos del fuego y enviarles una guardia para que su tripulación duerma a pierna suelta; pero, en cuanto a relevos, entendemos que con relevar los muertos basta y sobra.

También, y según nos enseña la experiencia, creemos que no debe embarcarse en estos buques nadie que tenga más de treinta y cinco años de edad, o cuarenta lo más, bastando que sus comandantes sean tenientes de navío, si el escalafón va tan despacio como desgraciadamente hoy ocurre en la mayoría de las Marinas del mundo. Sus tripulaciones debían sufrir antes un examen de natación, no atreviéndonos a decir uno de gimnasia, no porque no creamos que, pasados ciertos límites, no haga mucha más falta la gimnasia, con el estudio de la historia, de la geografía y de la estrategia y táctica militar, que tantas inútiles matemáticas como exigen nuestros extensos programas, sino por temor a un fracaso; pero de todos modos, el personal de estos buques debía sufrir un reconocimiento físico especial, y en los arsenales tener un salón de gimnasia exclusivamente destinado para él.

Respecto a la alimentación extraordinaria en tiempo de guerra, repetiremos lo que hemos dicho ya, y es que debiera incluirse en el rancho de estos buques a todo el personal de la marinería, sin excepción, que no tenga carácter de oficial, de modo que a bordo no haya más que dos ranchos.

De los cascos de estos buques diremos solamente que deben estar preparados para ir a remolque, y aun para darlo a otro destructor, puesto que, en una u otra forma, han de navegar así con frecuencia. Las proas tan afiladas hacen muy difícil el manejo de los remolques, siendo una de las cosas más necesarias el que éstos estén sobre un disparador, para que, en caso de faltar el calabrote, puedan desprenderse de él con facilidad. Villaamil colocó a los suyos una corona de alambre por fuera del casco, de modo que todo él soportara el esfuerzo; y si bien los buques no padecieron, como el amarre terminaba en una corona, a metro y medio de la proa, resultaba a veces imposible hasta cortar el calabrote para dejar a los destructores independientes.

También es conveniente que vuelva a estudiarse la disposición que empleaba Yarrow para dirigir en lo posible el vapor por fuera del sitio en que esté la gente al ocurrir una avería en la caldera; pues en nuestros dos buques murió todo el personal que tenía destino en ellas; experiencia cruel que no debe olvidarla el militar, que sabe que la guerra se hace con hombres y no con autómatas, como supone la literatura romántica de los que saben que no han de verse nunca encerrados en combate frente a una caldera con 200 o 300 libras de presión; ni puede olvidarla un almirante que conozca el peligro que puede originarse de que vea su propia gente que siempre mueren todos los fogoneros y maquinistas de calderas.

A nuestro juicio, también debe exigirse que uno de los compartimientos tenga una escotilla suficientemente grande para poder bajar un herido a él, cosa imposible con las que hoy tienen, que son verdaderas exageraciones: esta escotilla la tenían para la cámara de oficiales los torpederos que construimos en la casa Thornicroft; así que no es un imposible, ni pedimos nada nuevo, tanto más, cuanto que esas exageraciones no son más que medios de impresionar a la opinión pública y hacer pagar más caros esos buques, sin que a los constructores preocupe cómo han de arreglárselas los que tengan que llevarlos al combate.

§ No podemos menos de hacer notar, aunque no sea del combate propiamente dicho, una cosa notoria a todo el mundo, y es el fracaso del servicio de cruceros y descubridores de la escuadra americana. A pesar del número increíble de buques auxiliares con que contaban; de disponer de recursos tan extraordinarios que parecen fábula, y de no tener casi enemigo, puesto que al estallar la guerra la isla de Cuba estaba ya perdida para España, el servicio de descubridores lo hizo verdaderamente el telégrafo, y de ahí la intervención directa del Ministerio de Marina de Washington, así como del de Madrid, aunque éste por otros motivos. Según consta en el apéndice del Navy Department americano, pág. 33, existía una Junta de Marina encargada de la guerra, a la que estaba encomendada aconsejar al Secretario, o sea al ministro, y aunque, dada la inmensa desproporción de fuerzas y de circunstancias, nada podía salirles mal, hicieran lo que quisieran; sería muy de desear que algún publicista de otra nación, que no pudiera juzgarse interesado, estudiara si en las condiciones en que se encontraba la Marina americana pudo o no hacer bastante más de lo que hizo.

Pero a lo que queremos venir a parar, y a lo que se refieren estas líneas, es al peligro en que se encontrarán desde hoy en adelante todos los almirantes en tiempo de guerra, en que las principales operaciones recibirán su inspiración, desde lejos, de elementos o juntas que se achacarán la gloria si salen bien, pero que no irán a un Consejo de guerra si salen mal; juntas que no tendrán que luchar con esos mil inconvenientes que se presentan en todas las cosas al llevarlas a la práctica, y en especial en la guerra, cuando hay que hacerlas en el campo y no sobre el papel, de cuyos inconvenientes se olvidan a lo mejor hasta los mismos oficiales de marina a las veinticuatro horas de dejar el mando de un buque.

Este modo de dirigir la guerra es hoy inevitable; pero creemos que no podrá resultar bien sino en China, en donde, según la idea que tenemos formada de aquel país, suponemos que pueda dictarse un decreto ordenando que si el almirante es recompensado por el resultado de sus operaciones, lo sea igualmente el *advisory board*, y si, por el contrario, merece ser ahorcado, lo sea, sin más discusión, en compañía de los encargados de dirigir la guerra con el telégrafo en la mano. ¡Y quizás los resultados demostraran que los que tenemos por más bárbaros no son los que piensan peor!

§ No como cuestión de policía, sino como cuestión militar, creemos que a bordo sobra armamento portátil para mucho personal. Los fogoneros, que en nuestros cruceros eran 100 en cada uno, no necesitan armamento, y lo mismo algún otro contingente; con lo que, sobre obtenerse una considerable economía, se quitarían estorbos que son un peligro más donde tantos hay.

§ Aunque parezca sin importancia, como todo tiene su interés al tratarse del combate, diremos que para entrar en acción, es preciso que todos los marineros estén calzados, pues de lo contrario, las astillas que van por las cubiertas y el fuego, inutilizaría muy pronto toda la dotación; pero como ordinariamente los marineros están descalzos y de ir todos a un tiempo a su maleta resultaría imposible en la práctica, es preciso que al lado, de cada sitio de combate, haya una instalación para el calzado de todo el personal que corresponda a aquel lugar.

§ De no haber sido gravemente herido, haríamos algunas observaciones sobre los heridos, que creemos de importancia excepcional, pero que hoy parecerían demasiado personales, por cuyo motivo lo dejamos para otra ocasión.

§ Damos por terminado este capítulo, que, con la descripción del combate, servirá para que los oficiales de marina que lo lean puedan completar el cuadro de la batalla. Para los que no sean de la profesión lo consideramos de poco interés, y aun tenemos muy poca esperanza en que sea de utilidad en nuestra Marina, a la que el país, en inverosímil desconocimiento de la realidad, mira con manifiesto espíritu hostil; pero esperamos, sin embargo, que nuestros colegas del mundo entero apreciarán unas observaciones hechas sobre el campo de batalla, expuestas con la sencillez de quien sabe que no dice nada nuevo, pero que afirma ideas que han sido objeto en todas partes de amplia discusión.

Y dicho esto, abandonamos este asunto para volver la vista a nuestras abandonadas tripulaciones, que en las playas y arrecifes del Sur de la isla de Cuba y delante de sus naves incendiadas, con la conciencia del deber cumplido, esperaban tranquilas lo que la suerte les deparase.

Capítulo XII. Las tripulaciones náufragas en la playa

Campamento de Cebreco. Las tripulaciones del *Oquendo* y *María Teresa*. Heridos y sepultura a los cadáveres. Socorro de los americanos. La gente de sus botes desvalija a los marineros. El *Gloucester*. Los hospitales flotantes *Olivette* y *Solace*. De todo hubo, bueno y malo. El hospital de Norfolk y admirable comportamiento de los doctores Cleborne y Kite. Vade retro a los *reporters*. Míster Arthur C. Humphreys, que había sido nuestro agente consular. El *Harvard* y sus horrores. Muertos, heridos y moribundos al llegar a Portsmouth. Portsmouth y maltrato de los prisioneros. Noble conducta del almirante Mac-Nair en Annapolis con nuestros prisioneros. Órdenes del Gobierno americano de que fueran los prisioneros tratados con toda clase de consideraciones. ¡Pequeñeces! La correspondencia intervenida. Estuvo todo bien en general, pero ni con mucho lo que ellos dicen. Noticia secreta. El Gobierno español ponía dificultades a nuestra libertad, según el de Washington. No se nos permitió ir con el vapor a un Departamento marítimo. Nuestros queridos compañeros van a Santander a recibirnos

Aunque la suerte de las tripulaciones y los incidentes del tiempo que fueron prisioneras de guerra es un asunto secundario para el drama en que acababa de hundirse el poder colonial de España, lo relataremos en breves palabras, no solo a título de curiosidad, sino también porque no puede ser indiferente a los buenos españoles la suerte de aquellos valientes que lucharon contra lo imposible.

La tripulación del *Colón* fue transbordada fácilmente a los buques americanos; la del *Vizcaya*, que, como hemos dicho, estaba sobre los arrecifes de Aserraderos, fue recogida rápidamente por el *Iowa* y otros buques auxiliares, antes que la subida de la marea pudiera poner en peligro aquella masa de hombres incomunicados con la tierra.

Las tripulaciones del *Oquendo* y *María Teresa* fueron a las que les tocó apurar aún más el amargo cáliz de aquel triste día.

Por de pronto, un núcleo de unos 100 hombres de ambos buques, guiados por el práctico del *María Teresa*, se internaron en el bosque hasta llegar a Santiago de Cuba; y en este trayecto, desnudos, sin armas, temerosos de caer en manos de alguna feroz partida insurrecta, y durante el cual algunos que se extraviaron tardaron hasta tres días en llegar a la Socapa, sin tomar alimento y subiéndose a los árboles para orientarse, sufrieron penalidades que no pueden oírse sin enternecimiento.

La gente del *Oquendo* se dividió además en dos grupos: uno fue a caer en manos de una partida cubana insurrecta, que les hizo fuego, matando a dos, hasta que, al ver que era gente sin armas, los condujeron al campamento del cabecilla Cebreco. La otra, guiada por los oficiales, vino corriendo una vereda de la costa, y se unió a la del *Teresa*, que estaba como a media legua del sitio en que naufragaron.

La tripulación del *Teresa* se encontraba en la playa agrupada alrededor de su almirante; y se estaba organizando aquel campo de horror cuando se presentó un bote americano con orden de recoger al general Cervera. Así lo hizo, teniéndose que arrojar otra vez al mar el general con sus ayudantes, llevando además consigo al segundo comandante del *Teresa*, capitán de fragata Mac-Crohon, que estaba muy enfermo, así como a mí, que en una improvisada camilla, y ya casi sin movimiento, tuvieron que arrojarme al mar, que rompía furiosamente en la playa, experimentando sufrimientos tan grandes como en lo humano es posible tolerar.

Dejó en tierra el almirante al tercer jefe del *Teresa*, teniente de navío de primera clase don Juan B. Aznar, al frente de aquella masa de náufragos de los que fueron dos hermosos cruceros; y este distinguido jefe, honra de la Armada, tuvo ocasión de desplegar sus relevantes dotes en circunstancias de una dificultad sin igual. Por de pronto, con grandes cortezas de los árboles se improvisaron camillas para los heridos, que quedaron acampados bajo toldos de hojas, improvisados y hechos sin más herramientas que las manos; y arrancando las ropas a los que las tenían, los médicos y practicantes improvisaron vendajes que aliviaran, en lo posible, tanto padecer. La gente fue organizada en grupos de 50 hombres con un oficial a su cabeza, y debía ser un espectáculo profundamente enternecedor ver cómo sin herramienta alguna, y solo con ramas secas, se abrían sepulturas para los cadáveres arrojados a la playa, y cómo nuestros buenos sacerdotes rogaban a Dios acogiera sus almas entre las de los mártires del deber.

De estos cadáveres pudieron reconocerse el del maquinista mayor don José Melgares y el del tercer condestable Francisco Martínez Cánovas.

Estando en esta faena apareció en la playa un insurrecto invitando a Aznar a unirse a la gente que estaba en su campamento para que no fueran prisioneros de los americanos; y como la perspectiva de caer en manos del feroz Calixto García no tenía nada de halagüeña, Aznar, en lugar de acceder, consiguió que la gente del *Oquendo* que ellos tenían viniera a la playa, facilitándolo el hecho de haber desembarcado a las tres de la tarde un teniente de navío americano con doce hombres armados, sin duda a indicación del general Cervera, precisamente para evitar la intervención de los insurrectos.

Este oficial llevó a tierra cajas de galletas y latas de carne en cantidad que fueron un socorro del cielo a nuestra desfallecida gente. Hasta la caída de la tarde no empezó el embarque, comenzando por los heridos, a los que había que arrojar al mar y subir a los botes en las mismas espantosas condiciones que lo había sido su comandante, excepción hecha de algunos que se colocaron en un bote que al efecto se varó en la playa y que después de lleno fue puesto a flote, empujado por oficiales, lo mismo españoles que americanos, que trabajaron en esto con mucho celo, así como su marinería; siguiendo la faena hasta muy entrada la noche, en que quedaron todos instalados en el vapor auxiliar *Harvard*; siendo deplorable que la gente de los botes de esos buques auxiliares robara a la marinería, desvalijándola de cuanto de valor tenían encima aquellos infelices.[17]

____

17 Al embarcar en el bote con el almirante Cervera, mi criado me entregó en un pañuelo 300 pesos oro y mi reloj, que él había salvado, diciendo que era mejor que yo lo llevara, pues a él se lo quitarían.

Efectivamente, al subir al yate *Gloucester*, mi chaqueta quedó en el bote, y de ella fue robado el pañuelo con todo lo que contenía. Estando en la litera y atendido con sin igual cariño por el mayordomo míster George Lynn, al que conservaré eterno reconocimiento, le rogué que buscara la chaqueta, y como no pareciera, le manifesté que dentro de ella había dinero, que en buena hora podían quedárselo con tal que me dejaran lo preciso para telegrafiar a mi familia; pero hasta la noche no pareció la chaqueta, que estaba en el camarote de un oficial; y para recuperarla, pues iba a ser transbordado completamente desnudo envuelto en una sábana, tuve que decir que podían cortarle una manga, suponiendo que me estorbaba, pues comprendí que se quería un souvenir. Y dicho se está que en los bolsillos no estaba el dinero ni cosa alguna.

Hacemos mención de este incidente, porque con motivo de otro asunto de peor índole, y ocurrido también en el *Gloucester*, hubieron de decírselo al director del hospital de Norfolk. Contra toda mi voluntad, y a pesar de mis ruegos, dicho respetable director dio

El bote, con el almirante, atracó al costado del yate *Gloucester* donde fuimos recibidos con todos los honores y respetos, desfilando casi en cueros ante la guardia que nos presentaba las armas. Después de estar bien alimentados y atendidos, en lo posible, en aquel pequeño yate, fue transportado el almirante al *Iowa* y los heridos graves al *Olivette*, buque hospital del Ejército, donde fuimos atendidos y curados con admirable atención por sus médicos y por el capitán y sobrecargo de aquel vapor; así como yo personalmente debí multitud de atenciones personales al capitán de fragata de la Marina noruega H. Gustaf Gade, agregado militar de su legación en los Estados Unidos, y que se hallaba desempeñando su misión en la escuadra americana.

Dos o tres días después fuimos trasladados al *Solace*, buque hospital de la Marina que mandaba mi antiguo amigo míster Dunlap, que me recibió como a un antiguo camarada. Desgraciadamente la parte de hospital estaba al cargo exclusivo e independiente del médico míster Street, del que me es sensible no poder hablar en los términos que desearía, tanto más, cuanto que también me era conocido de antiguo.

Aparte de que ni por mi edad, graduación y estado merecí las consideraciones que eran consiguientes, y que si tuve una celosa atención médica fue debida a uno de los médicos subalternos, míster Stokes, la marinería estuvo mal instalada, peor alimentada, maltratada y hasta robada por los enfermeros, a pesar de las amistosas reclamaciones que yo hice sobre ello, apoyadas por el propio comandante del buque. Murieron algunos infelices marineros de falta de cuidado, y llegaron a su destino en un estado espantoso, aunque, eso sí, vestiditos de limpio el último día para desembarcar en el hospital de Norfolk.

---

cuenta a su Gobierno, y se formó una sumaria cuya copia me ha sido remitida por la vía diplomática, y en la cual claro está que no aparece nada, a pesar de que la declaración del mayordomo míster Lynn dice que yo buscaba unos papeles para telegrafiar a mi familia. ¡Seguramente debía ser que yo me había olvidado de la dirección de la casa en que mi esposa y mis hijos debían estar muriendo de la más cruel ansiedad!

Este incidente no tiene importancia alguna, y no quita ni pone nada a hechos que son inevitables en toda campaña, y que no merecerían ocupar tanto tiempo si no fuera por la pretensión de un proceder intachable hasta en estos detalles, cosa que está muy lejos de lo sucedido.

Debemos, sin embargo, hacer justicia, porque la equidad reinaba para todos, puesto que nos parece que los heridos americanos no estaban mucho mejor atendidos que los nuestros, ni a ello se dedicaban las horas de trabajo extraordinarias que requerían las circunstancias y que imponían tantos sufrimientos; cosa tanto más extraña cuanto que ni el número de heridos de unos y otros era excesivo, y cuando a bordo había un lujo de recursos y una esplendidez de todo, que hacían alto honor a los que habían organizado este servicio y a la generosidad del país con los que habían de ser víctimas de la guerra.

Llegados a Norfolk, en Virginia, el 16 de junio, fuimos a desembarcar en el hospital que allí tiene la Marina, agradeciendo al comandante del *Solace* que me acompañara a tierra, como le rogué, para evitar las molestias de los curiosos. Allí fuimos recibidos por el director, doctor Cleborne, y su segundo, doctor Kite, en términos tales, que constituirán uno de los recuerdos mayores de afecto y gratitud de nuestra vida.

Cariño, atención, cuidado, delicadeza en evitarnos molestias y visitas importunas, haciendo llegar a nosotros las que creían que nos serían agradables; la traída espontánea, y sin que lo pidiéramos, de una congregación religiosa católica de hermanas de la Caridad, para complacernos, todo lo agotó el director míster Cleborne, y con él el segundo médico del hospital, míster Kite, para aliviar nuestros males físicos y morales; y no fueron estas atenciones solo para mí, cuya graduación justificaba alguna excepción, y lo mismo que para los oficiales, sino para todos, pues lo mismo el capitán de navío que el marinero hallaron unos hermanos, desde el primer día hasta el último, en aquellos señores.

Los cuidados médicos, el régimen excelente, el evitar toda clase de conversaciones sobre la guerra y la puerta cerrada a los *reporters*, fueron bastante para que todos adelantaran rápidamente, sobre todo la marinería, que el *Solace* entregó en estado deplorable sobre toda ponderación.

Mi primera entrevista con el doctor Cleborne es digna de referirse, porque indudablemente fue el lazo de simpatía de dos personas en íntima comunidad de ideas, pues después de dejarme instalado en una magnífica habitación, me preguntó qué era lo que yo deseaba, a lo que contesté que le rogaba encarecidamente me librara de los *reporters*, y poco le faltó al buen doctor para abrazarme entusiasmado; repitiendo, para terminar, que esos dignísimos jefes y oficiales del Cuerpo de Sanidad de Marina americana, como médicos, como caballeros y como militares no han dejado absolutamente nada por hacer. Sus familias también nos brindaron cariñosa hospitalidad y atenciones; extendiéndonos en este tema, pues nos es grato corresponder de este modo a los favores recibidos.

Desgraciadamente, en Norfolk la parte militar no estuvo a la misma altura, aparentando una afectada indiferencia, que obligó al almirante a ir allí a última hora, pues si no hubiera habido interrupción en el regreso de los heridos a la Península, ocasionándonos en el intermedio algunas pequeñas molestias.

No podemos cerrar el párrafo de Norfolk sin hacer mención de míster Arthur C. Humphreys, que había sido allí nuestro agente consular, el cual se presentó en unos términos que merecen conocerse por lo caballerescos, como fue manifestar que había sido nuestro cónsul, y que si bien conocía sus deberes como americano, éstos no le impedían ser nuestro amigo: y, efectivamente, lo fue, con algunas molestias también para él, efecto del proceder que había adoptado el comodoro que mandaba aquel Departamento.

Dejando este grupo de prisioneros en el cálido clima de Virginia, volveremos al grupo grande que en la noche del 3 dejamos acabado de embarcar a bordo del *Harvard* y del *Saint Louis*.

Los oficiales fueron bien instalados y cariñosamente atendidos por el comandante del primero de aquellos buques, capitán de navío míster Cotton; pero las clases y marinería, hacinadas a popa, sobre cubierta, sin nada que las abrigara del Sol ni del relente más que un ligero toldo, y con inevitable desorden en las comidas y escasos de agua, presentaban en esa situación y en aquel clima un aspecto realmente desconsolador, y a los ocho días, aquellos hombres sanos y robustos, eran presa del paludismo del modo más espantoso, causando numerosas víctimas.

Desgraciadamente, la guarnición de este buque no era de tropas regulares, sino de unos voluntarios semisalvajes del Estado de Massachusetts, sin disciplina ni instrucción y con todos los inconvenientes y peligros de las tropas nuevas y de esa índole, que entienden que el ser militar consiste en hacer barbaridades, sobre todo cuando pueden hacerlas sin peligro alguno, y cuyas tropas dieron lugar al terrible suceso que vamos a relatar, ocurrido a las once de la noche del día 4.

Según parece, un marinero de los nuestros, hostigado por el calor sofocante de aquel lugar, hubo de levantarse de cubierta y se subió sobre una caseta de las que forman las bajadas en los vapores, que estaba en el límite del espacio en que estaba confinado; el centinela le dijo en inglés que volviera a su sitio, lo que, como es consiguiente, el marinero no entendió, y sin más razones, el soldado se encaró el fusil y lo dejó muerto en el acto. Al ruido del disparo se conmovió aquella masa de gente completamente indefensa, al mismo tiempo que, acudiendo la guardia, empezó sin ton ni son a hacer fuego, furioso en aquel espacio limitado, lleno de hombres indefensos, sin que sus oficiales hicieran nada para calmar el insano pavor de los voluntarios de Massachusetts, hasta que acudieron los oficiales de la Armada y pudieron contener a aquellos cobardes instigados por el miedo.

Muchos desgraciados se tiraron al agua y fueron heridos y muertos, sin que haya sido posible saber el número; un fogonero que desde el agua subía por la escala del costado del vapor, fue asesinado desde el portalón por uno de los oficiales de los voluntarios, que lo mató con su revólver a quemarropa, y en la cubierta quedaron cinco muertos y catorce heridos, número realmente insignificante en relación con el hecho horroroso que relatamos.

Nuestros oficiales, encerrados a proa y al extremo opuesto de estos grandes buques, nada supieron hasta las dos de la madrugada, que el comandante llamó al jefe más caracterizado de los nuestros para darle una sentida explicación de lo ocurrido, dándose, a modo de reparación, aparatosa sepultura militar a los muertos, como si eso bastara para excusar el crimen.

Sobre esto reclamó el almirante dos veces con extraordinaria energía; pero sin más resultado que decirle que se instruía una sumaria, de la formalidad que justamente suponemos.

Los heridos y enfermos estuvieron bastante mal atendidos, tanto por su excesivo número, como por exceso de celo profesional del primer médico americano, que nunca permitió que los nuestros le ayudaran, a pesar de serle manifiesto que no podía con su segundo atender a todo. El *Harvard* llegó a Portsmouth, New Hampshire, el 16 de julio con un crecido contingente de enfermos, de ellos cincuenta y un graves de fiebre.

Había llegado ya allí el contingente que llevó el *Saint Louis*, que estaba en tierra desde el día 11, y copiaremos a continuación un párrafo de la carta que sobre esto me dirigía el teniente de navío que fue del *Teresa*, don Fernando Bruquetas, dándome noticia de mi pobre gente.

Decía así:

A los dos o tres días de nuestra llegada vino la expedición del *Harvard*, en que estaba casi toda la dotación superviviente del *Teresa*. Serían las dos de la tarde cuando hicieron su entrada, con un Sol abrasador, muertos de hambre y de sed; no dábamos abasto los oficiales, médicos, practicantes y marinería para llevar a los que no podían materialmente moverse, hasta un sitio en que hubiera un poco de sombra para prestarles los primeros auxilios. «¡Agua!; ¡agua!», eran los gritos angustiosos que se oían; pero nosotros, siguiendo las prescripciones facultativas, dábamos poca agua y caldo, según el estado de gravedad de cada uno. La mayor parte de estos infelices (quedaron enfermos todo el tiempo, y treinta y un de ellos murieron; si bien esto se debió particularmente a las circunstancias posteriores de verdadero maltrato que usted conoce.

Hasta ahí la carta de mi digno oficial, continuando nosotros el relato de lo sucedido.

Los prisioneros fueron instalados en una isla en el centro del puerto de Portsmouth, New Hampshire, en donde se hicieron unas malas barracas de madera, dominadas por un espléndido aparato militar, como si aquéllos hubieran podido fugarse a nado hasta Europa.

Era jefe inmediato de los prisioneros un mal nacido coronel de infantería de Marina que se permitía toda clase de indignidades, lo mismo con los oficiales que con la marinería, consentidas por la debilidad de un almirante de la reserva, que era el que allí mandaba, ocasionando que los infelices marineros, devorados por la fiebre y privados hasta de ir al hospital, perecieran sin poder recibir los debidos auxilios. Por fortuna, llegó todo esto a noticias del almirante Cervera, el que, habiendo conseguido hacer una visita a esa sección de prisioneros, alcanzó que llegara algo a noticias del Gobierno de Washington, que relevó inmediatamente al almirante y al coronel, si bien ya en este sitio no volvió nunca más a reinar la debida paz; pero nuestros médicos y sacerdotes pudieron atender a unos y a otros, así como el teniente de navío don Antonio Magaz, que era el más antiguo de los que allí estaban, pudo intervenir debidamente, acreditando unas condiciones de tacto, de habilidad y don de mando que envidiaría más de un diplomático.

Fue esto tanto más sensible, cuanto nos consta de un modo positivo que las órdenes del Gobierno de Washington eran completamente todo lo contrario, sin que regateara gastos ni consideraciones, para que a nuestro regreso pudiéramos hacernos lenguas del pueblo americano; y así era que mientras el indigno coronel, y alguno de los suyos, se esforzaba en producir toda clase de molestias, el Gobierno daba un vestuario completo a toda la marinería y clases subalternas, vestuario que el consabido coronel hacía, o consentía, que les fuera arrojado pieza a pieza; y cuando eran efectos duros, como cepillos, por ejemplo, se los lanzaban como quien tira al blanco, desobedeciendo villanamente en todo y en parte, no solo lo dispuesto por su Gobierno, sino también el verdadero deseo del pueblo americano.

No queriéndonos ocupar más de miserias y pequeñeces, pero que en el momento son causa de grandes sufrimientos, pasaremos ahora al almirante, jefes y oficiales que fueron llevados a Annapolis e instalados en la Academia naval, cuyos alumnos habían ido todos a campaña. En dicho sitio quedaron muy bien alojados, pues no había que improvisar nada, sino ocupar el alojamiento de dichos alumnos; habiendo tenido la inmensa fortuna de que fuera jefe de aquel establecimiento el almirante Mac-Nair, cumplidísimo caballero que, obedeciendo las órdenes del Gobierno y dando el ejemplo a todos, impuso una conducta correcta y dignísima, que corría pareja con la del no menos digno doctor Cleborne, de Norfolk, haciéndose lenguas de dicho jefe y de todos sus subalternos desde el almirante al último guardia marina.

En diversas formas, y más o menos tarde, a todos los jefes y oficiales nos fue permitido salir, bajo palabra, desde las ocho de la mañana hasta la puesta del Sol; y es sensible que, sin objeto alguno, el Gobierno de los Estados Unidos empequeñeciera su conducta estableciendo una inspección para la correspondencia particular, que no podía revelar más secretos que los que traían los periódicos, y tanto más ridícula e inocente aquella inspección, cuanto que, desde el momento que salimos y pudimos echar las cartas al correo, todos aquellos cuya correspondencia precisamente podía tener alguna importancia escribíamos sin intervención alguna, por medio de Inglaterra o Francia, donde nos sobraban amigos a quien remitirla.

Así, pues, en general, el trato recibido en los Estados Unidos, con la excepción del indigno coronel a que nos hemos referido, que, por cierto, es del único que hace mención el apéndice del Navy Department de 1898, en términos que son completamente inexactos, fue todo lo humanitario posible, y sobre todo, por parte del Gobierno, cuyas órdenes, repetimos, nos consta eran terminantes para que fuéramos muy atendidos, acudiendo a ello con verdadera esplendidez. Pero de esto a los ditirambos que ellos mismos se propinaban de que la vieja Europa tenía que aprender cómo trataban a los prisioneros en los pueblos civilizados, hay mucho que hablar; pues de como fuimos tratados nosotros a como en 1866-67 lo fueron en España los prisioneros chilenos, a cuyos oficiales se les dio por cárcel toda la Península, asignándoles un sueldo para que vivieran como quisieran y permitiendo a los que lo solicitaron ir a la Exposición de París, bajo palabra, sin que nadie se cuidara de si escribían a sus hijos o a su abuela, hay la diferencia de cómo se tratan los prisioneros en los pueblos civilizados de antigua historia a cómo lo fuimos en los Estados Unidos, que son los que aún tienen mucho que aprender.

No nos quejamos, ni mucho menos; es simplemente poner un correctivo a las exageraciones en alabanza propia, que si no fuera ridículo, sería insoportable en los Estados Unidos, donde a nadie se le ocurre preguntarle a uno si le gusta o no una cosa, sino el clásico *what admire you more?*, ¿qué admira usted más?; y tanto más, cuanto esas exageraciones en este caso proceden de haber tomado por historia la *Débácle* de Zola, en la que, aparte que debe haber mucho de verdad, pues la masa de prisioneros hace a lo mejor imposible la mejor voluntad, las indirectas eran contra Alemania, cuyas simpatías por nosotros sacaban de quicio a todos los *jingoes* y a los que no lo eran.

La población, en general, no pudo estar más correcta con nosotros, y muchas fueron las personas que nos dedicaron pequeñas atenciones, así como, dado el modo de ser de aquel país, todos los jefes recibimos centenares de cartas de todas las clases de la sociedad, incluso de señoras y señoritas, la mayor parte expresando simpatía y desaprobación por la guerra, incluso las de muchos pastores protestantes, y el almirante Cervera no fueron centenares, sino millares de cartas y telegramas los que recibió con el mismo objeto. Como es consiguiente, esto no pudo menos de traer consigo algunas visitas, en que se cruzaban palabras de cortesía que luego salían desfiguradas en los periódicos, atribuyendo a unos y otros opiniones que no se habían manifestado, pero que sonaban admirablemente en el público americano, constituido a modo de una gran sociedad de aplausos mutuos. Pero estos obsequios que allí no tenían importancia y que todos los americanos saben lo que son y significan, en España repercutieron muy desfavorablemente comentados contra el almirante; pues aquí también se es maestro en desfigurar los hechos, sobre todo cuando hay interés en ello.

Por fortuna, no ha llegado a noticia de nadie, y hoy lo decimos con la mayor reserva, que porque hube yo de manifestar un día que me agradaban las flores, constantemente una porción de señoras y señoritas de Norfolk, que habían tomado sobre sí la caritativa misión de proveerme de libros, agregaron la de tener mi cuarto hecho un jardín, sin que por ello creyera yo entonces haber cometido ningún delito de alta traición, ni tampoco mi criado al tomarse los helados que solían acompañar a las flores, con gran sentimiento mío de que mi grave estado no me permitiera sustituirle y ahorrarle ese trabajo.

Imposible parece que hombres serios en España, se hayan atrevido a dar valor y pábulo a tales historias de periódicos de aquel país; aunque, bien mirado, tiene eso valor para aquilatar con ello la insignificancia de los que así hablan; pero sin privarse por ello de ir a la ópera el mismo día de nuestros dos grandes desastres navales.

Llegó la hora de la paz y, por consiguiente, del regreso a España, y aunque en los tres grupos de prisioneros no había ya más molestia que la moral de semejante estado, el afán de vernos de una vez fuera de él nos hacía muy largas las horas que tardaba la libertad. Con asombro nuestro, y cuando ya estaban discutidos varios puntos en litigio, yo he visto con mis propios ojos, en manos de la primera autoridad de Portsmouth, un telegrama del secretario (ministro) de Marina en que decía que las dificultades para nuestra libertad procedían del Gobierno español.

Por fin, y como no era posible pasar de ciertas conveniencias, quedó arreglado nuestro regreso, y una comisión designada por el almirante Cervera y presidida por el teniente de navío de primera clase don Juan B. Aznar fletó el vapor *City of Rome*, cuyo buque, después de recoger en New York a los prisioneros de Annapolis y Norfolk, fue a Portsmouth a recoger la marinería, y el día 13 de septiembre perdíamos de vista las tierras del continente que en mal hora para España nos descubriera Colón.

¿Dónde se dirigía el *City of Rome*? Todos hubiéramos querido, y así lo pidió el almirante, ir a un Departamento marítimo, donde había hospitales en que acomodar inmediatamente los muchos enfermos que llevábamos, y sobre todo los heridos, de los que aún había bastantes que no podían ni moverse; además, en un Departamento se desahogaba por lo menos una tercera parte de la marinería que hubiera ido a su casa con licencia, y casi todos los oficiales, si no tenían familia, hallaban al menos amigos y hogar donde albergarse. El vapor hubiera ido a Cádiz y Ferrol sin aumento de precio; pero como el Gobierno nuestro temía una ovación en cada uno de dichos Departamentos, fue el buque enviado a Santander, cuyos hospitales estaban hacinados de enfermos del Ejército, y donde hubo que mandar la gente a los Departamentos en trenes militares, con un gasto enorme y continuación de sufrimientos de los pobres enfermos y heridos, que no quisieron separarse de sus compañeros.

A Santander llegamos el día 21 de septiembre, y allí nos esperaba una de las más gratas impresiones de nuestra vida. En efecto: en el primer vapor auxiliar que llegó al costado venía una comisión, presidida por dos generales, con cuarenta y tres jefes y oficiales de todos los cuerpos de la armada, a expresarnos la aprobación de nuestra conducta, por aquellos que más que nadie podían juzgarla. Su representación, sus patrióticas palabras de compañerismo y consuelo y el nombre repetido de todos los oficiales de la Armada que los enviaban, fue para todos, desde el almirante al último marinero, bálsamo sin igual para nuestro lacerado corazón. Y debe constar, para honra de ellos y satisfacción nuestra, que el Gobierno hizo cuanto pudo para evitar esta manifestación, a la que, sin embargo, no se atrevió a oponerse resueltamente, aunque procuró de todas maneras quitarle importancia.

Este fue el último acto público en relación con nuestra prisión, pues no es dable escribir hoy, por ninguno de los que conocemos los detalles, cuanto se ha hecho para que no se hablase o escribiese sobre estos sucesos, en ocasión en que el pueblo español tenía verdadera sed de saber la verdad, y ni aun hoy siquiera puede hacerse el relato más que tan incompleto como nosotros lo hacemos, efecto de no ser del dominio público multitud de actos y documentos. Y por aquello de que «el que no se consuela es porque no quiere», tenemos la confianza de que si en su día se le ocurre a alguien dedicarnos un responso, han de ser esos documentos, tan cuidadosamente ocultos, un magnífico tema para un patriótico sermón de panegírico.

Capítulo XIII. Resumen

¡Si España estuviese tan bien servida por sus hombres de estado y por sus empleados públicos como lo ha sido por sus marinos, todavía podría ser una gran nación.

(*Engineering* (Editorial), 21 julio 1899. La guerra hispano-americana.)

Damos fin a la descripción de los hechos de la guerra en que hemos figurado, siempre con las reservas que imponen lo reciente de los sucesos, pero con el derecho de legítima defensa que el mismo país nos exige, y contra el interesado silencio que quisieran imponernos los causantes de tanta desventura, sin que por eso dejen de excitar la hostilidad de una injusticia de que solo puede consolarnos las líneas de una Revista europea de gran peso, la que, volviendo sobre opiniones sustentadas a raíz de los desastres, dice hoy fuera de España lo que la historia dirá aquí mismo quizás mucho antes de lo que pudiera esperarse.

La guerra fue aceptada por España cuando la isla de Cuba estaba perdida de hecho, y cuando en la Península el envío de un hombre más amenazaba un levantamiento más positivo que el soñado después; cuando nuestras tropas carecían de lo más necesario, y el atraso de pagas era causa principal de la mala alimentación y de su decaimiento, y cuando una buena parte de los españoles residentes en Cuba, con el nombre de reformistas, autonomistas, etc., hacían causa común con los insurrectos, mientras se lucraban fabulosamente en contratas, suministros y transportes. En estas condiciones era insensato aceptar la lucha con una nación inmensamente rica; de cuatro veces más población que la nuestra y situada a tiro de pistola del que había de ser campo de batalla de sus ambiciones militares; con un Ejército y Marina deseosos de victorias fáciles que les dieran ascensos, importancia y un lugar que no tienen en su país, halagando para conseguirlo ese espíritu, eminentemente americano, de hostilidad contra Europa; donde no hay un blanco que no sea hijo de un emigrante, ni emigrante que no mire con torva mirada la historia de su patria, de la que se cree arrojado por privilegios, por falta de pergaminos o por ensueños sacados quizá de las novelas, que no dicen la verdad, por sobrado prosaica, de que el que emigra es sencillamente porque no tiene una peseta.

El deseo de historia en el pueblo norteamericano es superior a toda ponderación, y ha sido torpeza increíble la nuestra el habérsela ofrecido gratis a costa de nuestras espaldas.

Cuando empezó la guerra ya estaba de hecho terminada, lo mismo tomando parte en contra nuestra los Estados Unidos que una nación de mucha menos importancia, pero que viniera a acabar de hacer caer la balanza; solamente que las consecuencias posteriores hubieran sido otras, y claro es que, al menos tan inmediata, no hubiéramos sufrido la pérdida de Filipinas. Que la isla de Cuba había que reconquistarla, y que eso era imposible, lo sabían en España desde el primero al último; solo que cuando las naciones caminan sin un objetivo político, lo mismo da que sus militares ganen batallas como que las pierdan, y aun quizás es mejor esto último, pues así se llega más pronto a la solución. Por tener un objetivo político, y a pesar de ir de derrota en derrota, arrojamos de España al invasor a principios de este siglo; gracias a un objetivo político, Italia se ha constituido en una gran nación, a pesar de su poca fortuna en los campos de batalla; pues basta que un pueblo manifieste la voluntad de una enérgica resistencia para que decaiga la tenacidad del agresor, cuyo ideal político no puede ser nunca tan firme como el que esté representado por un pueblo, con su ejército y hombres de estado que sepan cumplir su alta misión. Podrá un genio militar, apoyado por ideas revolucionarias como las que marcaron los últimos días del siglo pasado, dominar momentáneamente la Europa entera, pero cuando los ejércitos y el pueblo están unidos en un ideal político, después de cien derrotas, les basta un solo encuentro afortunado para enviar al vencedor a Santa Elena.

¿Tenía España en los momentos históricos de que nos ocupamos objetivo y dirección política?

Las generaciones venideras no creerán posible lo ocurrido. No se quería la guerra, y, sin embargo, nada se hacía para evitarla. Se quería la paz, y nada se hacía para conservarla. A voz en cuello decían nuestros hombres de estado que querían la paz a toda costa, y se quería que no costara nada. Se sabía que la falta de gente empezaba a sentirse en los campos, que el pueblo murmuraba de las redenciones a metálico y que era imposible enviar a Cuba ningún contingente de tropas de alguna importancia, y no se pensaba en qué es lo que habría que hacer cuando fuese preciso enviarle. El vómito, el paludismo, la anemia, consumían rápidamente el contingente de nuestras fuerzas en Cuba, y no se pensaba en quién había de empuñar aquellos fusiles que quedaban sin soldados a medida que éstos iban pasando al hospital o al cementerio. La deuda aumentaba de un modo fabuloso, se acudía a remedios medioevales acuñando moneda fraudulenta, que otro nombre no merece la de plata, y a pesar de eso, las tropas llegaban a tener más de un año de atraso y la penuria aumentaba los sufrimientos en todas las clases, sin que se tuviera otra solución más que la de trampa adelante para resolver el urgente problema de qué comerían nuestras fuerzas de mar y tierra al mes siguiente. Se veía inevitable la agresión, y se aseguraba que nuestras relaciones eran cordiales y que de alarma no se pasaría.

Se conocían los preparativos del presunto enemigo, y se prohibía hasta pensar en lo que habría que hacer cuando la agresión tuviera lugar. Se resolvió el envío de la escuadra a las Antillas mucho antes de la guerra, pero para que llegase allí después que la guerra fuera un hecho. Se pensó en hacer la paz, y para la única cosa que se demostró energía fue para que la escuadra saliera a ser destruida, y dejar así España entera a merced del enemigo.

Destruida la escuadra, y cuando el mundo entero reconocía que no había humana salvación para nosotros, se perdió inútilmente el tiempo dejando que sucumbieran Santiago y Manila, sin que nada, absolutamente nada se hiciera en el intermedio.

En lugar de pactar teniendo la escuadra viva en Santiago, y cuando esta plaza y la de Manila podían aún defenderse mucho tiempo, se esperó para pactar a que todo estuviera perdido, iy cuando de antemano se sabía que no podía menos de perderse!

En todo lo de aquella época se ve un imañana veremos! que no llega nunca, pues no hay mañana para el que pierde la vida en la víspera de ese día. Del cielo no bajan remedios milagrosos que cambien la faz del mundo al deseo de un imposible; y no debió creerse que las tribulaciones que venían sobre la patria eran tan grandes, cuando se antojaba que eran mayores los fantasmas de alborotos y trastornos de gigantes descomunales que en lugar de cabezas traían las coles de la plaza de la Cebada.

El pensamiento político que regía nuestros destinos era una espantosa NEGACIÓN, y con negaciones no se va a ninguna parte. ¿Era la guerra el fin de nuestra política? No. ¿Era la paz? No. ¿La resistencia? No. ¿El abandono de Cuba? No. ¿La resolución de defenderse? Tampoco. ¿La de dejarse matar? Menos. ¿Se creía que Cervera iba a vencer en las Antillas? No. ¿Se creía que iba a ser destruido? No. ¿Se le relevaba del mando, a pesar de su oposición a cuanto se hacía? No. Por último: ¿Se querían batallas? No, y mil veces no; pues sin poder asegurar el origen, nos consta que en Madrid pasaba por bueno que el señor Moret, ministro de Ultramar, había dicho que la guerra no tendría importancia, puesto que, en cuanto los americanos nos echaran tres o cuatro buques a pique, enseguida se haría la paz. Recomendamos el sistema del señor Moret a los hombres de estado de las grandes naciones de Europa, pues encierra verdadera novedad.

Lo único que nos consuela en este caso es ver que nuestros hermanos los cubanos, y pase porque así llamemos también a los filipinos, no desmienten los unos la casta y los otros la educación; pues ambos creyeron que los Estados Unidos trabajaban solo *per amore*, según van demostrando los acontecimientos.

Ya podemos decir que todo esto pertenece a la historia, por más que aún las heridas manen sangre y lágrimas los ojos de cualquiera que se sienta español; y si la historia enseña, ¿enseñará esta historia a los españoles? No lo esperamos. La histórica hostilidad del país para la Marina; la situación de su capital; la indiferencia mahometana de la nación respecto a sus relaciones internacionales, basada quizás en el desengaño de la política de otro tiempo de las casas de Austria y de Borbón, y la necesidad, traída por nuestros disturbios, de reconcentrarnos en nosotros mismos, todo ello hace que los Ministerios de Estado y Marina, que en todos los pueblos civilizados son el eje sobre que descansa su prosperidad, aquí parecen dos islas perdidas entre las nieblas de la indiferencia, sin que de ello se preocupe la opinión ni se levanten los entusiasmos del pueblo más que para destruirlas.

Por consiguiente, inútil es que se piense en alianzas, en relaciones de pueblo a pueblo, en garantías mutuas que hagan por lo menos peligrosa la ambición de los poderosos.

Inútil es también pensar en acorazados, cruceros y torpederos, si, llegado el momento, ni se permite hacer los menores preparativos para la guerra ni se esparcen y reparten por el mundo entero, como si la política buscara en los desastres propios la pronta solución de conflictos, que donde no se hace política internacional son sorpresas, detrás de las que se va en pedazos nuestra nacionalidad.

Inútil es que tengamos diplomáticos si no se les oye para nada, y a los que, cuando anunciaban la tempestad que venía sobre la patria, se les trataba con despego, como portadores de innecesarias preocupaciones. Inútil es enviar a esos diplomáticos escritos altisonantes, con que aquí todo se cura, en lugar de enviarles acorazados que se pongan a sus órdenes, que es la medicina que emplean las demás naciones, en particular las más adelantadas, que, mediante argumentos tan equitativos, abren mercados a sus productos y se apoderan de archipiélagos ajenos sin más razón que la de *haber civilizado cristiana y generosamente* las tribus indias de su país.

De nada ha servido que desde 1884 anunciara la Marina el doble ciclón que amenazaba a España: uno en el golfo de México y otro por el imperio del Sol naciente, pidiendo con urgencia que la escuadra se hiciera en cuatro años; con lo que se hubiera evitado la guerra, como nuestras fuerzas navales la evitaron en La Habana en 1870, hábilmente presentadas por el general Caballero de Rodas, gobernador general de la isla de Cuba, en ocasión de una visita parecida a la del *Maine*. De nada ha servido que un día y otro día, paso a paso, la Marina haya señalado el peligro en todos los tonos y en todas partes, hasta el mismo 2 de julio, víspera del desastre; pues al llegar esa ocasión, cambiando los papeles, por la ley brutal de las mayorías, los que no han querido ver, ni oír, ni entender, se han proclamado a sí mismos por perfectamente informados; y decretando que todo estaba dicho, han organizado la Conspiración del silencio para todo, menos para seguir acusando de ignorantes y de haberse dejado sorprender por los acontecimientos, a los que, sin temer a las pedreas de las turbas ni al sarcasmo de la masa ignorante de levita, tuvimos el valor cívico de decir oficialmente y en el tono más enérgico que no debía irse a la guerra, y que si la escuadra salía para las Antillas, España quedaba a merced del enemigo; y cuando llegó la hora del insensato encuentro, que debía terminar la historia de cuatro siglos de grandezas, no capitulamos ni pedimos merced al enemigo, sino que rompimos las líneas y amarrados a la boca de sus cañones dejamos de combatir cuando el *Teresa*, el *Vizcaya* y el *Oquendo* no tuvieron un palmo de cubierta en que el fuego dejara poner la planta; cuando los *destroyers* destrozados y muerta la tercera parte de su gente se hundían en el mar; y cuando el *Colón*, el más desgraciado de todos, pues no pudo contentar al vulgo ignorante con mucha sangre, perdido sin remedio humano, para no caer en poder del enemigo se arrojó a la costa a toda velocidad, sin temer a las tremendas consecuencias de haber tenido la suerte de dar en roca como sus compañeros. Ni capitulamos ni entramos en tratos con el enemigo, sino que caímos en su poder, sin dejarle un trozo de España sobre los que combatimos y sin más condiciones que las impuestas por la grandeza de nuestra acción; y eso que dirá la historia, es en vano esperarlo hoy, pues todos en ello pusieron sus manos; y ante esa ley brutal de los más, que llevan la patria a una sima, en cuyo fondo se la ve deshecha en pedazos, sin que les detenga la propia ignorancia del mundo en que viven, es inútil pensar en consideración y menos en justicia; y para consolar siquiera la propia conciencia hay que volver tristemente la vista al extranjero, para leer, entre otros muchos, en la primera Revista de ingeniería del mundo, al hacer el estudio de la guerra hispano-americana, que: SI ESPAÑA ESTUVIESE TAN BIEN SERVIDA POR SUS HOMBRES DE ESTADO Y SUS EMPLEADOS PÚBLICOS COMO LO HA SIDO POR SUS MARINOS, ¡TODAVÍA PODRÍA SER UNA GRAN NACIÓN!

Croquis del Mar de las Antillas

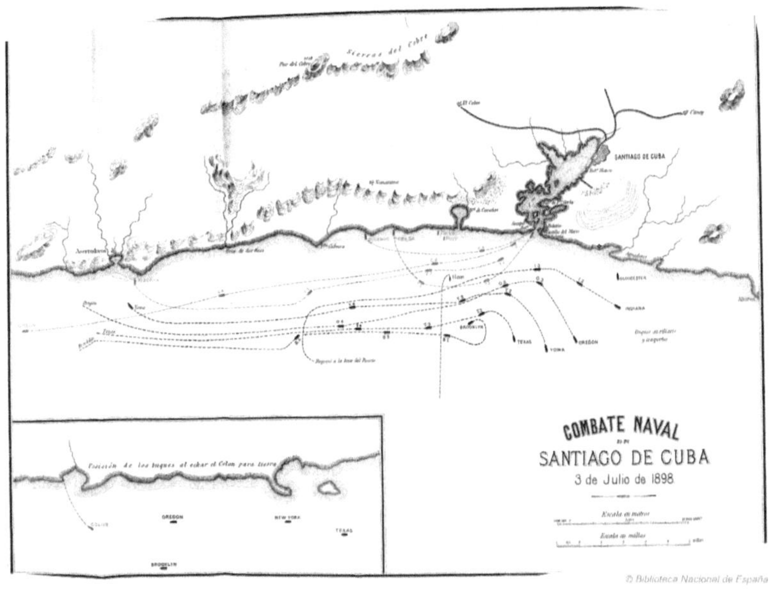

Libros a la carta

A la carta es un servicio especializado para

empresas,

librerías,

bibliotecas,

editoriales

y centros de enseñanza;

y permite confeccionar libros que, por su formato y concepción, sirven a los propósitos más específicos de estas instituciones.

Las empresas nos encargan ediciones personalizadas para marketing editorial o para regalos institucionales. Y los interesados solicitan, a título personal, ediciones antiguas, o no disponibles en el mercado; y las acompañan con notas y comentarios críticos.

Las ediciones tienen como apoyo un libro de estilo con todo tipo de referencias sobre los criterios de tratamiento tipográfico aplicados a nuestros libros que puede ser consultado en Linkgua-ediciones.com.

Linkgua edita por encargo diferentes versiones de una misma obra con distintos tratamientos ortotipográficos (actualizaciones de carácter divulgativo de un clásico, o versiones estrictamente fieles a la edición original de referencia).

Este servicio de ediciones a la carta le permitirá, si usted se dedica a la enseñanza, tener una forma de hacer pública su interpretación de un texto y, sobre una versión digitalizada «base», usted podrá introducir interpretaciones del texto fuente. Es un tópico que los profesores denuncien en clase los desmanes de una edición, o vayan comentando errores de interpretación de un texto y esta es una solución útil a esa necesidad del mundo académico.

Asimismo publicamos de manera sistemática, en un mismo catálogo, tesis doctorales y actas de congresos académicos, que son distribuidas a través de nuestra Web.

El servicio de «libros a la carta» funciona de dos formas.

1. Tenemos un fondo de libros digitalizados que usted puede personalizar en tiradas de al menos cinco ejemplares. Estas personalizaciones pueden ser de todo tipo: añadir notas de clase para uso de un grupo de estudiantes,

introducir logos corporativos para uso con fines de marketing empresarial, etc. etc.

2. Buscamos libros descatalogados de otras editoriales y los reeditamos en tiradas cortas a petición de un cliente.